ちくま文庫

日本の地名おもしろ探訪記

今尾恵介

筑摩書房

はじめに

私は中学生の頃から地形図を見るのが好きで、特に、そのなかにびっしりとちりばめられた数々の地名のなかからとびきり珍しいものを見つけては、大学ノートに書き写して悦に入っていました。

当時のノートは押し入れの奥底に沈んでおり、正確には再現できませんが、馬主来《ぱしくる》や珸瑤瑁《ごようまい》、鶏舞《けりまい》といったアイヌ語に味のある漢字を当てた地名、廿六木《とどろき》や十八女《さかり》、百《どう》笑町《めきちょう》などユーモアのセンスを感じるもの、押入《おしいれ》や見物《けんぶつ》など地名らしからぬ普通名詞系、未明《ほのか》や無音《よばらず》のように美しい情景を想像させ、あるいは掻懐《かきだき》や衣摺《きずり》など物語を予感させるもの、あるいは一口《いもあらい》、十六島《うっぷるい》など、逆立ちしても読めない謎めいた地名など、いろいろな「標本」を集めることができました。

時代は一挙に飛びますが、数年前に郵便番号が七ケタになったとき、郵便局でもらえる郵便番号簿が分厚くなりました。従来は大まかな区分けであったのを、すべての町（大字《おおあざ》）ごとに番号をふる方式になったので当然です。それと同時に郵便番号簿は無料の「日本地名索引」というべき好冊子になりました。相変わらず珍しい地名を味わうことに喜びを見いだしていた私は、郵便番号簿を最初から最後まで読んでみました。ざっと一四万ほどの地名が掲載されていますが、赤鉛筆を片手に何日もかけて一つ一つの地名を味わいながら、珍しい地名に線を引いたものです。

その地名のなかから特に興味を惹かれたものを中心にリストアップし、月刊『旅』（JTB）に、「おもしろ地名見聞録」と題して連載し、毎月各地の珍しい地名を訪ね歩きました。それをまとめたのが本書です。取材にあたっては珍しい地名の集落を実際に訪れ、出会った人に地名の由来を聞いて回りました。

地名の由来を知るには、市町村の教育委員会を経由するなど「正統的」な方法もあるでしょうが、私はあえて地元の人に聞くことを選びました。古い地名の由来は不明なものが多いこともありますが、「正確な由来」よりも、その地名が現地でどんな物語をあわせもっているかを知りたかったからです。地名由来の伝承は荒唐無稽なものが多いのですが、その物語が地名とともに大切に伝えられていることこそが大事だと考えました。

土地の人が地名を語ると、昔のその土地の様子が必ず出てきます。今は寂しい村だけど戦前はこんなに賑やかだったとか、うちの爺ちゃんから聞いた、かつての町の産業の様子とか。また昔のことだけではなく、現在の農業問題や秋祭りの賑わいのこと、地域の変貌や町村合併への不安などなど、いろいろな話を聞くことができました。

さて、太古の昔を想像してみると、ヒトが二人以上集まれば地名が誕生したはずです。あの大きな松の木があるところ、坂を下った窪地のいつも湿ったところ、赤っぽい粘土質の土地……。そこにはたとえば一本松とか下窪、赤羽といった地名がつけられたのでしょう。最後の赤羽は赤い埴《はに》、つまり粘土を表すハニ（ハネ）の部分に羽という別の文字が当てられ、さらにハニという言葉が日常的に使われなくなったため、本来は単純な地名なのに由来が見えにくくなる例ですが、これが日本の地名の面白さともいえるでしょう。

時代が下り、古代律令制の世になると、たとえば土地区画――条里制に基づいて三条、五ノ坪といった地名がつけられます。中世では堀をめぐらした豪族の屋敷を中心とした堀ノ内などという地名が現れ、江戸時代になれば城下町には大工町、紺屋町などの職人の集住にちなむ地名が多数登場してきます。近代に入れば工場門前町にセメント町など産業にまつわる地名が出現し、戦後は○○ヶ丘、○○台といったニュータウン地名が流行します。昭和三七年には住居表示法に基づいて町名の統廃合が一気に進み、江戸時代以来の大工町が消え、中央三丁目とか城北二丁目などという類が勢力を伸ばしました。

こうみてくると地名は生き物で、古代から千年の歴史を経てそのまま古形を維持しているものもあれば、幾度も変転を重ねて原形を留《とど》めないまでに変貌した地名もあります。そして地図上には、千年を超える由緒ある地名と、昨年誕生したばかりの地名が同居しているのです。

ときは流れ、一本松と名づけられた地の松の木はとっくに枯れて屋敷が建ち、あるいははるか後世になってニュータウンの一角に併呑《へいどん》されてしまったとしても、一本松という地名が残っていると「松の木がありましたとさ」という物語は残ります。その木の下を舞台にした恋物語、隣村との水争い、商売の話。古文書に出てくる地名が今も生き残っていれば、地名は過去と現在を結ぶ糸のような働きをします。この同じ村で何代も前のご先祖様がこんなことをした……。実際に「地名旅」をしてみると、そんな地名の奥深さを感じることが幾度となくありました。

本書で訪ねた先はほとんどが観光地ではない場所で、歩き回る私は、しばしば不審者に見られたかもしれません。しかし、こちらから話をうかがうと、特に農村部では道を歩いているのはほとんどお年寄りばかりでしたが、快くいろいろなことを話してくれました。読み返してみて、連載の二〇カ所だけをとっても、日本という国が、画一化が進んだといわれながらも、実に多様であることを改めて感じます。私が訪れた場所はこの広い国土のごく一部ですから、読者のみなさんが地名を手がかりにさまざまな場所を訪ねれば、そこではまた、新たな物語が得られるのではないでしょうか。そんな「地名旅」をおすすめします。

最後になりますが、この連載を企画し、毎回丁寧なアドバイスをいただいた現・JTBパブリッシングの竹内寛文さん、新書として最適な形で世に出してくださった講談社の石橋尚樹さん、「ちくま文庫」として再び上梓の機会を与えていただいた筑摩書房の鎌田理恵さん、そして取材先で出会い、お世話になった多くの方々に改めてお礼を申し上げます。

平成二四年一二月

今尾恵介

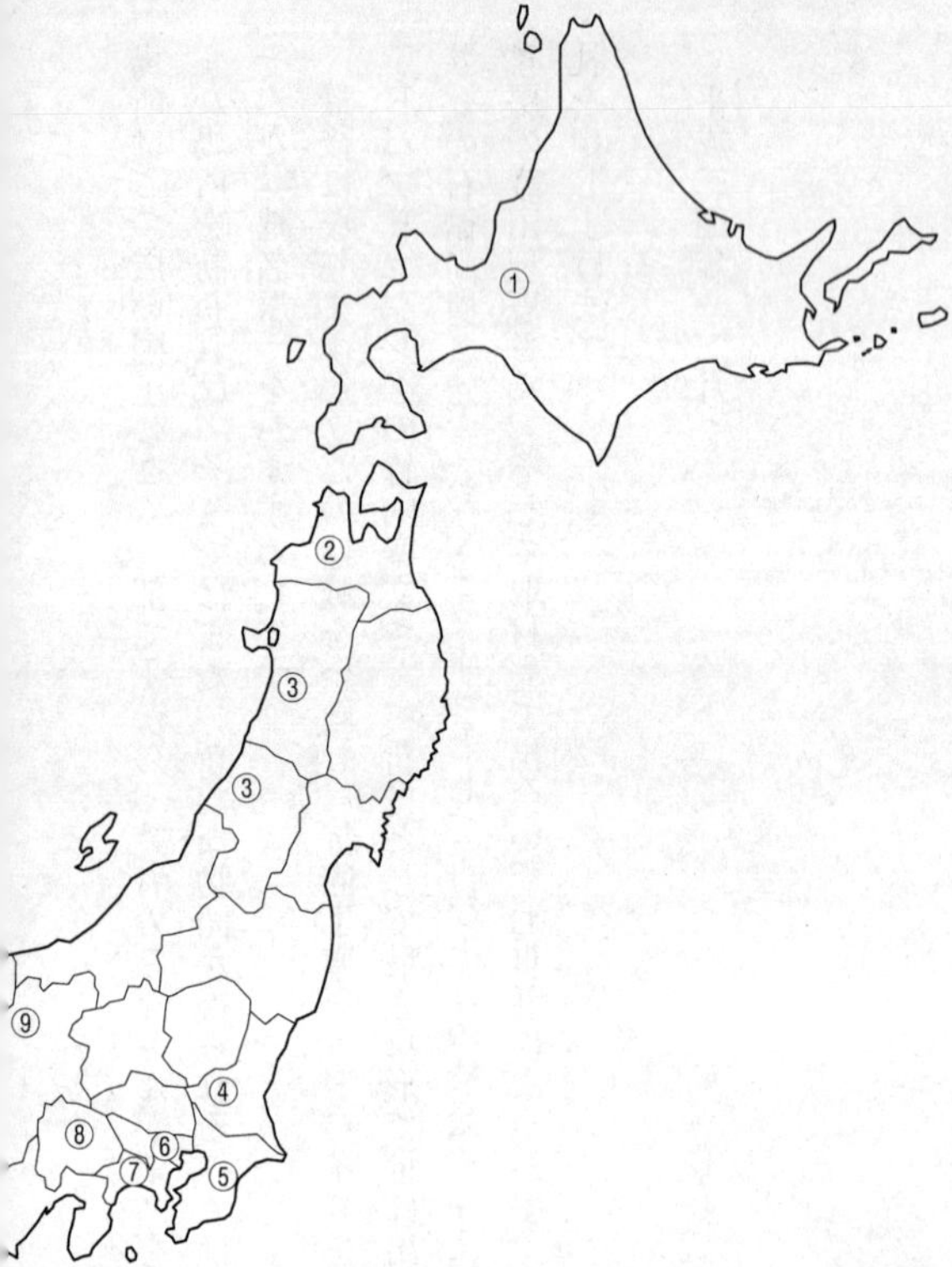

※この地図は、本書で訪ねた
20の地域を図示したものです

全国おもしろ地名地図

①北海道・石狩——万字、鳩山、鶉、集治監沢、月形、スウェーデンヒルズ
②青森県・津軽——不魚住、十三、馬鹿川
③山形県・庄内～秋田県・本荘・仙北——無音、雪車町、心像
④茨城県・筑波山麓——富士山、富士池、冨士神社、冨士谷、根冨士
⑤千葉県・九十九里浜——納屋、驚、不動堂
⑥東京都・千代田区神田——紺屋町、北乗物町
⑦神奈川・丹沢南麓——〆引、伯母様、松田惣領、松田庶子
⑧山梨県・甲府盆地——西広門田、休息、藤井扇状地、釈迦堂
⑨長野県・鬼無里——東京、西京、日本記、成就
⑩富山県・砺波平野——蛇喰、年代、雨潜、瓜裂清水、筏
⑪名古屋市——極楽、長久手、栄、竪三ツ蔵、大蟷螂
⑫滋賀県・湖東——雨降野、酢、国友、相撲、口分田
⑬京都市——金換町、珠数屋町、骨屋町、弓矢町
⑭和歌山県・南紀——八尺鏡野、粉白、一雨、防己
⑮鳥取県・倉吉～鳥取——耳、白兎
⑯山口県・小野田——セメント町、硫酸町
⑰高知市周辺——父養寺、母代寺、談議所
⑱愛媛県・宇和海沿岸——鼠鳴、猿鳴
⑲佐賀県・東松浦半島——領巾振山、馬渡島、晴気
⑳鹿児島県・薩摩西岸——京泊、海土泊、帆之港

◉目次

第三章　古代・中世を「冷凍保存」!?　歴史地名を歩く

第四章　なんとも不思議（!?）な、謎の地名を歩く

日本の地名おもしろ探訪記

第一章　こんなのあり!?　強烈おもしろ地名を歩く

極楽、長久手、大蟷螂――ある朝、極楽行きのバスに乗って［愛知県］

長久手《ながくて》古戦場の近くに極楽《ごくらく》という地名がある。「極楽へ行くバス」に乗って訪れた、そこで耳にした意外な地名の由来とは……。四〇年前の「住居表示」で大半の町名が消えた尾張《おわり》徳川の城下町の痕跡、さらに市西部の元漁師町・下之一色《しものいっしき》まで、多彩な顔をもつ名古屋市内を歩き回る。

極楽――秀吉軍が壊滅した長久手合戦と極楽の関係

極楽という地名を発見、仰天したのが名古屋へ来たキッカケだ。それも最近の地名ではなく、昔からの小字《こあざ》が起源というから謎めいている。とにかく強力な地名ではないか。

①極楽へはどう行けばいいのですか？
②このバス、極楽行きますか？

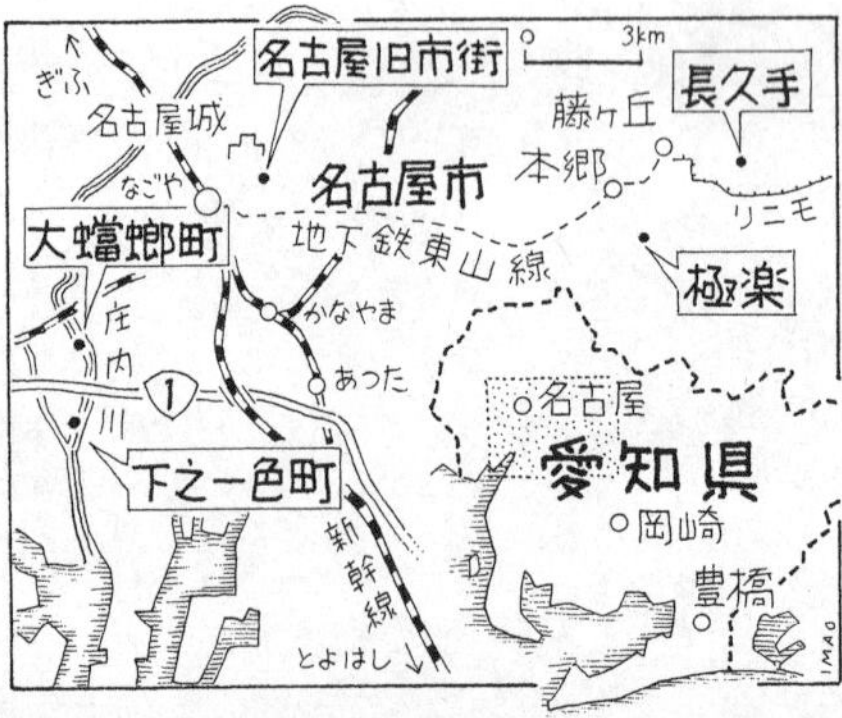

③私は今、極楽に住んでいます。

④早く極楽へ行ってしまいたい！

この「極楽」を、たとえば西船橋に替えれば、すべて何ということもない日常会話文なのだが、こうやって挙げた文章からはいちいち強い力が発せられてしまう。

たとえば①は人生相談のようだし、宗教問答でもあるだろう。②は「極楽、行きますよ」と笑顔でバスの運転手さんに言われたら、ちょっと考えてしまうかもしれない。帰りの便がなさそうだから。③の話者はおそらくこの世の人ではないし、④のセリフを聞いたら「ちょっと待て　家では子が待つ　親が待つ」という東尋坊《とうじんぼう》あたりの立て看板の文句を急いで口にするだろう。

地下鉄東山線が地上に出て間もなく本郷駅。極楽の最寄り駅なのだが、地名をテーマとする書き手としては、物見遊山的な極楽訪問は厳しく戒めなければならない。

そんなわけで、名古屋へ行くなら、まずクテ地名を攻めねばいかん、ということで隣接する愛知郡長久手町（現・長久手市）へ行くことにした。いきなり「クテ地名」を出してしまったが、地名の事典によればクテは尾張から

［交通］極楽▼名古屋市営地下鉄東山線本郷駅より猪高緑地行きバス約11分／長久手▼名古屋市営地下鉄東山線藤が丘駅でリニモに乗り換え長久手古戦場駅下車／下之一色▼名古屋駅前名鉄バスセンターよりかの里富田病院前行きバス

美濃《みの》にかけての方言で湿地、沼地を指し、「久手」か「湫」の字が当てられている。岐阜県内の中山道《なかせんどう》には大湫《おおくて》と細久手《ほそくて》という二つの宿場が並んでいるし、何よりも天正《てんしょう》一二年（一五八四）に徳川軍が羽柴（豊臣）軍を全滅させた長久手合戦は、全国区の地名だ。

長久手の最寄り駅は同じ地下鉄東山線の終点・藤が丘である。新地名としての〇〇ヶ丘というのは戦前の東京・自由ヶ丘（現・自由が丘）に始まるとされ、高度経済成長期に雨後の筍のごとく大都市近郊の丘陵地に叢生した。ベッドタウン化の進む典型的近郊農村地帯としての愛知郡長久手町は現在人口が約四万一〇〇〇を超え、市制がもう射程圏内に入っている（平成二四年に市制施行）。

自治体名が長久手であるのに対し、そのなかの大字《おおあざ》名は長湫と書く。明治三九年（一九〇六）に旧長湫村が隣接する岩作《やざこ》・上郷の両村と合併して長久手村になったのである。さっそく藤が丘駅から坂を下り、名古屋市境を越えて長久手町内へ入る。小さな川を渡ると、なるほどクテである。「ライオンズマンション藤ヶ丘ガーデン」という高層マンションがあった。隣接する名古屋市の地名・藤ヶ丘（旧駅名）を名乗っているが、気持ちはわかる。東京や大阪にもそんな例はいくらでもあるし。

しかし住所は愛知県愛知郡長久手町大字長湫字東原山（市制施行後は「大字長湫」

の表記が省略されて長久手市東原山となった）という具合であった。漢字が長々と続くが、ここ愛知県ではたいてい地番が小字別に振られているため、小字名を省略できないのである。そのため、昔の小地名がよく残っているのがいい。長湫字荒池、長湫字下鴨田、長湫字志味尻……と、少し歩くだけで次々に変わっていく地名を眺めていると、現況は新興住宅地であっても昔の風景が目前に迫ってくるように思える。

次はいよいよ極楽へ行こう。本郷駅前広場でバスを探した。「極楽へ行きたいんですけど」という質問を発してみたいと意気込んだが、目の前を「極楽」の停留所名を記したバスが来たので、出鼻をくじかれてしまった。

極楽を終点とする系統（極楽行きのバス！）がないのは残念だが、「次は極楽でございます」のアナウンスを聞くと、静かな感動が体を走りそうになる。しかしテープの声はいっこうに平静で、誰も驚かず、感動している様子もない。こちらも落ち着いて極楽停留所に降り立った。

特に極楽風のたたずまい、というわけでもないが、名古屋の常で交通量の多い道路をようやく渡って極楽小学校の裏手へ回った。ベビーカーを押すお母さんに「極楽の由来」を尋ねようとしたら、怪訝そうに「知りません」の一言が返ってくるのみであった。もうひとりも「さあね」と首を振るばかり。誰も極楽暮らしに慣れてしまっているではないか。助けを求めるように電器屋さんに駆け込んでみた。

当面使わない単3電池をまず買いつつ由来を聞いてみると、「それは知らないけど、このあいだタクシーの運転手さんに『極楽まで』と言ったら、『へーえ、そんな地名があるんですか』とエラく感動された」という。やっぱり感動する人がほかにもいるんだとホッとする。でも電器屋さんは「住所は極楽でも生活は（不景気で）地獄ですよ」と応じたらしい。

そのうちご主人らしき方が現れ、そういえば「長久手の戦いで命からがら逃げてきた人たちがここで一息ついて、ああ極楽、極楽と言った」という話を聞いたことがあるという。なんと、行ってきたばかりの長久手と関係のある地名だったのだ。極楽一〜三丁目が成立したのは昭和五四年のことだが、それ以前は猪高町《いたかちょう》大字高針《たかばり》字極楽といったそうだ。この時代の地図を私はたまたま持っているが、たしかに極楽の小字が載っていた。極楽バス停もすでにある。

地名の由来について、『なごやの町名』（名古屋市計画局発行）によれば、木曽川や庄内川などの氾濫する湿地帯であった名古屋西側の人たちが洪水で家と畑を流され、ついに移住を決意、この丘陵地に来て「山深からず水多からず」の高針の地を発見、ここを極楽の地として安住したというのがひとつ（『猪高村誌』の記述）。

極楽への青信号！

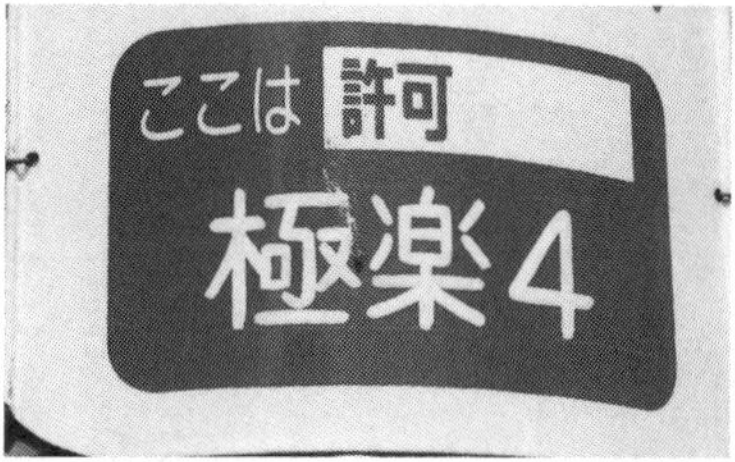

ここは極楽4丁目

もうひとつは電器屋さんの「長久手合戦で傷ついた兵たちがこの地にたどり着き、ここは極楽だと言い合った」という説が紹介されていた。これは高針小学校PTA二〇年特集号に載った記事だというから、電器屋さんはこれを耳にしたのだろう。学校の先生や児童の親たちが地元の年寄りに聞いて回ったのだろうか。すばらしいPTAではないか。

尾張徳川の旧町名――名古屋市「栄」が滅ぼした町名群

名古屋の地名を語るときに、今はなき数多くの都心部の町名を避けて通ることはできない。ここは戦後の地名政策の柱となった住居表示法（昭和三七年施行）が実に果敢に実行され、「地名の屍《しかばね》」が積み重なった地域だからである。当時、少しでも地名に関心があった人は、昭和四〇年代前半に行われた、そのあまりに大胆な地名改変に驚愕したはずだ。

言うまでもなく名古屋は尾張《おわり》徳川の大城下町である。信長の居城でもあった清須《きよす》（清洲）から家康がこの大規模な計画都市への引っ越しを行わせたのが名古屋の始まりであり、その際に町名そのものもかなり忠実に引っ越している（いわゆる「清須越し」）。それらの由緒ある町名は明治初期の小規模町の統合を経たとはいえ、太平洋戦争の大空襲でお城の金の鯱《しゃち》が灰燼に帰してもなお存続し、戦後まで息を長らえていたのである。

それが現在、行けども行けども栄、泉、錦、東桜といった広域の町が広がっている。もちろん「○丁目○番○号」一本槍だが、そもそも番地の並び方の整理や飛び地など境界線錯雑の是正が目的だったはずの住居表示法が、「地名整理統合法」であるかのようにひとり歩きした結果がこれなのだ。

当初は名古屋市当局も従来の町名を残した整理方法を地元と協議したのだという。しかし碁盤割りの旧城下町地区だけで七二もの町があり、このなかから特定の町名を残すことは難しかったため、結局は旧町名をほぼ全廃、それに代わって栄、泉、錦、丸の内などの新地名が設定された。このとき、四〇〇年近い歴史を持つ城下町以来（一部はそれ以前の清須時代から！）の多くの町名は死んだのである。

ただ、それではあんまりだというので旧町名は「道路名」として残すことが決まった。だから、栄や錦あたりの交差点に見られる「広小路七間町」「入江町通本町」などの旧町名プレートは、かろうじて江戸時代を今に伝えるメッセージ板なのだ。

新しく定められた「栄」は昔から随一の繁華街であった栄町にちなむが、その人気ゆえに今では東西二キロ、南北七五〇メートルという巨大な町に膨張してしまった。

その新しい「栄」の陰で命を絶たれた町名は次の通りである。一息では読めないから深呼吸してほしい（ルビのない「町」の読みは「ちょう」）。

全域が「栄」になった町＝南伏見町、横三《み》ツ《つ》蔵《くら》町、鉄砲町、南桑名町《まち》、南長島町、八百屋町、大坂町《まち》、住吉町、入江町、小《こ》市場町、南伊勢町《まち》、南呉服町、南久屋《ひさや》町、月見町、池田町、七曲町《ななまがりまち》、南武《ぶ》平《へい》町、松島町

一部が「栄」になった町＝木《こ》挽《びき》町、常盤町、豎《たて》三ツ蔵町、天王崎町、中ノ町、西洲崎町、東角町《ひがしかどまち》、役割町、東洲崎町、広小路通、南園町《まち》、栄町《まち》、白川町、末広町、富岡町、日出町、御《み》幸本町《ゆきほんまち》通、矢場《やば》町、東川端町、富沢町、針屋町、南大津通、門前町、南鍛冶屋町、東陽町、西川端町、新栄町《まち》、西瓦町《まち》、西新町、南新町、宮出《みやで》町《まち》、松元町、丸田町《まち》、南瓦町《まち》

以上五二町である。これらの町名は桑名町や伊勢町など住人の出身地を示すもの、八百屋町、鉄砲町など職業に関するものなどが見られる典型的な城下町の地名といっていい。豎三ツ蔵町など、清須時代に福島正則《ふくしままさのり》が非常時のために米蔵を三棟建てさせたのがその名の由来だそうだが、その後名古屋へ引っ越して米蔵が数十棟になっても

東西南北の通り名を組み合わせた京都的交差点表示

次のバス停も同名。大通りが広すぎるからだろう。正確には「次も広小路伏見」

なお三ツ蔵の名を残したのだそうだ。「歴史の缶詰」そのものではないか。

大蟷螂、下之一色――名古屋市内の別世界・元漁師町にタイムスリップ

名古屋の西には庄内川や新川などに沿って沖積低地が続いているが、そのあたりの地図を見ていて発見したのが「大蟷螂町《だいとうろうちょう》」である。何といっても大カマキリであるから、これは行かねばなるまい。しかし気になるのは、そのカマキリの領域が河川敷だけで、隣接する住宅地部分は「大当郎」と字が異なっていることだ。

河川敷だけの地名、というのは隣接地が住居表示をした後、何らかの手続き的な理由で残ってしまったところが多いが、ここも昔は全域が大蟷螂町だったのに人の住んでいる部分だけ町名改称したのではないだろうか。河川敷だけの町というのは表札もないし、たいてい電柱の町名案内板もない。それでも現地に行けば何かあるかも、と堤防を上ると、それがあったのである。河川工事をたまたまやっており、その看板に「大蟷螂町地先」の文字が並んでいた。何たる僥倖だろうか。工事がなかったら、この文字を地図以外で見ることは不可能だっただろう。

後で調べたところによれば、やはり大当郎は大蟷螂町であったが、この古い大蟷螂という地名は熱田神宮に関わる宮大工の「大棟梁《とうりょう》」が住んでいたことにちなむのだそ

ここもかつては大蟷螂町だった

下之一色商店街にあるヱビス湯

うだ。また船の灯台としての「大灯籠《とうろう》」説もあるという。それにしても、蟷螂などという字を当てたのは誰だろうか。駄洒落の得意だった近所の寺の坊さんか？

ここへ来たら大蟷螂の南隣の下之《しもの》一色町《いっしきちょう》へ寄らない手はない。この町は昭和一二年に名古屋市に編入されるまで、愛知郡下之一色町という独立した自治体であった。古くからの漁師町であり、近くの海で獲れたハマグリやウナギなどの魚介類を商う魚問屋、貝問屋、酒問屋などが集まって農民の往来も多く、大消費地・名古屋城下の間近という地の利を生かした賑やかな都市だったようだ。大正の初めには「下之一色電車軌道」という私鉄が名古屋市内から通じたほどなのである（のち市電）。

そんな古い都市の名残ともいうべき銭湯が、

ここ下之一色にはたくさんあった。国道1号のすぐ脇の木造三階建ての立派な家、と思いきや銭湯だったし、国道から南へ伸びる商店街には、関東では見かけないコンクリート正面の「ヱビス湯」、もう少し南の浅間《せんげん》神社近くには、これもやはり立派なコンクリートの「栄湯」があった。風呂を沸かすために古材を揃えていたご主人にうかがうと、建物は大正一四年（一九二五）のもので、空襲で一部崩れた壁はその後補修したという。かつて近くには映画館もあった。真昼だったので銭湯入りは叶わなかったが、銭湯ファンにはこたえられない町だろう。

商店街を抜けると突然道が高くなって新川に出た。昔はあたりに湿地が広がり、その先の名古屋港西側は好漁場だったという。しかし高度経済成長期に工場用地として埋め立てが進み、漁港としての下之一色は急速に衰えていった。

旧市街には漁師町特有の狭い路地もあり、「大名古屋」の一部というよりは、瀬戸内のどこかの島に迷い込んだような気分になる。戸の開いた町工場があって、ご夫婦らしい二人が黙々とハンペンの製造を続けていた。ペースト状の魚のすり身を丸い木のワクに入れ、それをすぐ出して油で揚げる、という分業だ。おそらく何十年というキャリアなのだろう。

下之一色にも昔は城があったという。小牧・長久手の戦いの頃に城主が羽柴（豊臣）方に属したために、徳川・織田連合軍に攻められて落城、それっきりなのだそうだ。そこでハタと気づいた。この旅で私が回った長久手、極楽、名古屋の旧市街、下之一色……これらすべてに徳川家康の影が見えるではないか。意図したわけではないのに。つくづく、この尾張という土地が近世の誕生に果たした役割の大きさを思い知らされることとあいなったのである。

〆引、伯母様、惣領、庶子――オバサマに地名の由来を聞いてみた［神奈川県］

東京の赤坂見附から青山・渋谷を通る国道246号。この道はかつての大山《おおやま》街道で、江戸時代には相模《さがみ》の大山へ詣でる人で大いに賑わった。その目的地・大山の麓にある謎の地名・〆引《しめひき》と伯母様《おばさま》、ちょっと足を伸ばして松田《まつだ》惣領《そうりょう》、松田庶子《そし》の「兄弟」地名を訪ねた。

〆引（七五三引）――雨乞いの山の麓の気になる地名

「伯母様」というバス停を地図で見つけて気になっていた。伊勢原市三ノ宮という大字《おおあざ》にあることはわかったが、現在の地形図に伯母様という地名は載っていない。それでもバス停があるのだから、小字《こあざ》として残っているのだろうか。場所は相模の代表的な名山として知られる大山（一二五二メートル）の麓

である。

伊勢原は新宿から小田急の急行でちょうど一時間の距離だ。高度経済成長期とともに東京や横浜の通勤圏としてベッドタウンの色彩を併せ持つようになったが、もとは大山阿夫利《あふり》神社の門前町として、また大山街道の宿場として発達した。アフリとは「雨降」であり、古来、雨乞いの山なのである。この大山が江戸をはじめ関東・東海から広く参詣者を集めた。

伊勢原駅から大山街道を二キロほど行くと東名高速道路をくぐるが、そこにあるのが有名な伊勢原バス停だ。「東名高速道路下り線は伊勢原バス停付近を先頭に六キロの渋滞……」などという道路交通情報を耳にした人は多いだろう。しかし、ここが「〆引」という珍しい地名であることは知られていない。

高速の伊勢原バス停と立体交差するすぐ南側が〆引のバス停で、その脇が五霊《ごりょう》神社である。その敷地内に児童館があったが、玄関に掛かった黒ずんだ木札には「七五三引《しめひき》児童館」とあった。どうして「〆引」が「七五三引」なのだろう。

実は以前に地名に関する本を書いたとき、七五三という村が岐阜県にあって、これをシメ村と読むという話を取り上げたことがあったのでピンと来た。ほか

［交通］〆引▼小田急線伊勢原駅北口より大山ケーブル行きバス約7分／伯母様▼小田急線伊勢原駅北口より栗原行きバス約11分／松田惣領・松田庶子▼ＪＲ御殿場線松田駅下車

にも「七五三」を「シメ」と読む地名は全国に結構あるのだ。

地名用語辞典などで「シメ」を引いてみると、神域を区切るもの（注連縄《しめなわ》がこれに用いられる）、地形的に「閉まっている」土地や「標」から神様に限らず何らかの境界にまつわるもの、などの説が載っていて、興味深く思ったものだが、この〆引には神社もあるし、大山街道の参道でもある。これは注連縄のシメかな、という直感を抱いた。

実際に「しめなわ」を辞書で引いてみると「七五三縄」という表記もある。なぜ七五三なのかについては、縄を撚《よ》るときに三筋、五筋、七筋という具合にワラの茎を捻りから離して垂らすことから、という。帰宅して戦前の旧版地形図で確認したところ、〆引はやはり「七五三引」だった。

いずれにせよ、注連縄には悪霊が神域に立ち入らないためのバリアの役割がある。高速をくぐったあたりの、つぼみがほころびかけた梅の木のかたわらで仕事中の男性にうかがった。

「よく知らないけど、何かやっぱり神社の関係らしいね。注連縄というのがあるでしょう。五霊神社前には道をまたいだ二の鳥居が以前はあったんですよ。大山の阿夫利神社のね。〆引の地名はそれに関係があるのかもしれない。しかしこの鳥居はだいぶ前にトラックが衝突して倒れてしまった。しばらくそのままだったけれど、最近再建したときに高速の北側に場所を移したんです」

なるほど、先ほど見かけたあの鳥居が道端の空き地に建てられている理由がわかった。たもとには碑があって、鳥居の来歴が記されていた。まず幕末の嘉永《かえい》四年（一八五一）に、それまで立ち枯れていた鳥居を石鳥居に新造したのだが、大正一二年（一九二三）の関東大震災で倒壊、五年後の昭和三年に再建した。そして戦後は前述のようにトラックが倒してしまったのを、平成になって三度目の再建を果たしたというのである。

帰ってからインターネットで「七五三引」や「注連引」のキーワードで検索したら、横浜市港北区にある大倉精神文化研究所のホームページに、同区新羽《にっぱ》町の中之久保（中ノ窪）に伝わる「注連引百万遍」の行事のことが載っていた。

これは江戸期に疾病が流行した際、旅の行者に教わった病魔退散の方法を受け継いだものとされている。村の出入り口に毎年四月一五日、男衆がワラ蛇を作って村境のヒイラギの木に巻きつけ、女衆は大数珠を回して百万遍念仏を唱えて病魔退散を願うのだという。その蛇は「稲ワラで七五三に市松に編まれ」た。伊勢原の〆引でもその種の行事があったのだろうか。

伯母様——オバサマが所領する村だった⁉

さて、伯母様《おばさま》の集落は〆引《しめひき》から山王《さんのう》中学校の南側を抜けて一キロ足らずである。県道から西へ入るとすぐ鈴川を渡る橋が架かっているのだが、プレートを見ると「伯母様橋」とあった。オバサマの入り口である。少し行くと南斜面に小春日和の陽を受けて暖かい集落が小さくまとまっていて、道の左が田んぼ、右側の集落の背後の丘には畑が広がっていた。山裾の地形に沿って道路も湾曲していて、箱庭的な世界を作っている。

バス停は集落の西のほうにあって、関東でいう丘陵間の小さな谷間、いわゆる「谷戸《やと》」になっている。その奥にいい雰囲気の山道があったので、しばらく登って一休みした。弁当を持ってくればよかった、と思うような居心地のいい場所である。

しばらくして伯母様の集落へ下り、庭先で山芋を洗っていたオバサマに伯母様の由来を聞いてみた。昔は何とかという伯母様の土地だったという話を聞いたことがあるけれど、あそこに村の由来を書いた碑があるから見たらどうか、とのこと。行ってみると、「伯母様村観音・歴史」と題して村名と観音様の由来が記されていた。教育委員会などではなく、「小泉家」とあったから、私費で建てた石碑なのだろう。わが村

伯母様は雑木林の丘陵に抱かれた小天地だった

伯母様のほうから歩いてきたオジサマとオバサマ

先導師旅館が続く大山の参道で思いがけず有名人の名を発見！

に寄せる思いが感じられた。

碑文によれば、永禄《えいろく》年間の一五五〇年代後半に北条氏康《ほうじょううじやす》が布施《ふせ》弾正左衛門康則《だんじょうざえもんやすのり》（小田原衆の家臣）に当伯母様《おばさま》村を所領として与えていた。同村は布施氏の伯母である梅林理香大姉が所領したことにより伯母様村というようになった、というのである。

時代は下り、飢饉が続いていた宝暦《ほうれき》年間（一七五一〜六四）頃には、多数の庶民が大山《おおやま》へ豊作や除厄を祈るため陸続と参詣した。伯母様村には大山への道が続いており、年間二〇万人が村を往来したという。この長閑《のどか》な谷戸の風景からは想像できないが、そのため村民は少なからぬ恩恵を受けたので、観音の造立を志したそうだ。

この原稿を書いた後で、地図エッセイストの堀淳一さんから、伯母様は「小狭間《おばさま》」から来ているのではないか、とのご指摘をいただいた。なるほど、ぴったりの地形である。当て字は日本の地名の「お家芸」だから、十分考えられるかもしれない。これに実際の伯母様が関わっていたとすれば、まさにうまい字を当てた、ということだろう。

江戸の庶民に倣って、私も大山へ行ってみよう。ここからは県道へ戻って北上し、伊勢原から来る大山街道へ合流すればいい。さすがに諸国に名の知られた大山の表参道は立派なものである。幅員は狭い二車線だが、どことなく風格があるのだ。谷を登り詰めるにつれてだんだん信仰の山の参道らしくなってくる。

しばらくして目につき始める「先導師旅館」とは、大山講の、富士山でいういわゆる「御師《おし》」の旅館だろう。宗教登山のガイドであり、宿も提供する。それらの宿の玉垣の石柱には、東京をはじめ主に関東諸国に点在する大山講の地名と講の名が赤く彫り込まれていた。

昔ながらの参道情緒が味わえる土産物屋街がほぼ尽きたあたりにケーブルカーの追分駅（現・大山ケーブル駅）があり、これで阿夫利《あふり》神社の下社まで上れる。下社からの展望は実に見事で、相模《さがみ》湾一望はもちろん、江ノ島から鎌倉、三浦半島と「地図どおり」に続いているのがわかるし、東京湾と横浜の工場群、その向こうには房総半島もはっきり見えた。やっぱり昔から人気のある山は見晴らしがいい。

物領、庶子——矢倉沢往還に兄弟地名の謎を探る

翌日は松田へ向かった。昨日は伯母様、今日は松田惣領《まつだそうりよう》と松田庶子《そし》の兄弟地名である。小田急が秦野《はだの》盆地を抜け、谷間の四十八瀬《しじゆうはつせ》川を九回渡ると酒匂《さかわ》川の作り上げた広い沃野へ出るが、その出口にあるのが松田の町だ。

谷の出口の交通路を握る地形は昔から要地として重視されてきたが、この地もやは

りそのようで、近世では東海道のバイパス的な役割を果たす矢倉沢往還《やぐらさわおうかん》が通じ、明治からは東海道本線が通じた。丹那《たんな》トンネルの開通で幹線の座を明け渡して御殿場線となるが、戦後は東名高速道路の開通で再び脚光を浴びることとなった。

物領（総領）は今では長男長女のことを指すけれど、昔は第一子というより「跡取り息子」であった。庶子《しょし》は旧民法下では「妾腹でありながら父親が認知した子」だが、現在は「嫡出でない子」といって、庶子は使わない。

松田惣領と松田庶子は隣り合っていて一見して境目はわからないが、町役場や駅があるのは惣領のほうだ。東京で見るよりざっと一〇倍は大きな富士山を正面に見ながら気持ちよく歩いているうち、いつの間にか惣領から庶子の領域に入っていた。孫娘を連れたおじいちゃんに、すれ違いざまに聞いてみた。

「あちらの惣領が本妻の子の領地で、庶子はおメカケさんの子の領地。そちらに松田城址の案内板があるから、ご覧なさい」

別におメカケさんの子だろうが気にしていない風だ。勧めに従って、戦国時代の城跡の山に登ってみることにした。その名も城山《じょうやま》というらしいが、東名高速道路を陸橋で越えるあたりから、眼下に見事なパノラマが広がってくる。

手前には酒匂の流れ、右手には富士山、はるか向こうには相模湾も見えるし、小田

庶子にある松田城址への道からの眺望。足下に東名高速と酒匂川、はるか向こうに小田原と相模湾。右には箱根外輪山の裾野が広がる

松田駅から酒匂川原へ延びる、砂利運搬用引込線の廃線跡

松田惣領の惣菜屋さん。煮豆や煮しめなど、どれも手作り

原市街も指呼の間だ。陸橋のすぐ下にはひっきりなしにトラックや乗用車が急いで通過していく。上りと下りの合計七車線、日本経済を支える大役を果たす新街道・東名高速である。山道の端には梅の木。つぼみが少しほころんでいる。城塞は軍事的な要請から、最高に見晴らしのいい場所に作るものだろうが、ここも文句なしの眺望だ。

城山を下りて旧街道沿いの庶子の集落を歩いてみた。この旧道は甲州道といったそうで、ここから先は御殿場線沿いに御殿場へ抜け、そこから籠坂《かごさか》峠を越えて富士吉田あたりへ出たのだろう。道端には双体の道祖神がいくつもある。どれも素朴な彫りながら、仲よく肩を寄せ合って実にいい顔をしていた。

惣領との境界付近に御殿場線の矢倉沢踏切があった。これは大山街道の別称たる矢倉沢往還だが、江戸から来てここを通って吉田島（開成《かいせい》町）から関本（南足柄《あしがら》市）へ向かい、箱根の外輪山中にある矢倉沢から足柄峠を通る古い道筋だ。踏切のすぐ脇にある惣菜屋さんに聞いてみた。

「これは馬車道というんです。昔はここから関本のほうまで馬車が通っていたそうですよ。踏切の向こうにある酒屋さんのほうから、こちらへの道。あの店の犬のモモちゃんはね、ロマンスカーが来ると駆け回って喜ぶんですよ。面白いもので、普通列車が通っても見向きもしないのに。惣領と庶子のいわれは詳しく知らないけれど、庶子

中世武士団の支配体制を物語る貴重な地名

国道246号の庶子陸橋。表記中のShoshiは誤りで正しくはSoshiのはず

という地名がイヤだなんて話は聞きませんね。みんな、やっぱり自分たちの住んでいるところがいちばん、と思っていますから」

　皆さん、大昔から続く歴史ある地名に馴染んで、大事にしているのだ。松田町の教育委員会が編纂した『まつだの地名』にも、惣領・庶子について、明治初期の『皇国地誌』から、鎌倉時代に遡る次のような話を冒頭に堂々と引用している。


松田次郎有常松田郷ニ住ミテ領主タリ、有常二子アリ、太郎某ハ弟ナレ共《ドモ》妻ノ出ナルニヨリ太郎ト呼ビ惣領トシテ本家ヲ嗣《ツ》ガシメ、次郎某ハ妾腹ナル故ニ兄ナレ共《ドモ》庶子トシテ分家ス、是《コレ》惣領庶子二村ノ由《ヨ》リテ起レル所以《ユエン》ナリ

ただ兄弟に半分ずつ分けましたという単純な話ではない。やはり同教育委員会編の『まつだの歴史』によれば、これには中世武士団に行われていた惣領制という「家」の形態が関わっているという。惣領が一族郎党およびその所領を支配する体制であり、その直轄領以外を庶子と呼ばれる一門に分割給付し、これに対して庶子は惣領に一定の地代と軍役を負う、という関係だった。

　まさに中世日本史が凝縮された地名である。現実の世は移り変わっていくけれど、

そのときどきに誕生した時代ごとの地名が今に伝わっているのは、思えばすばらしいことではないか。伯母様村にも実在した「伯母様」のエピソードがあり、〆引《しめひき》ははっきりしないけれど、民間祭祀に深く関わりがありそうだ。

地名は過去と現在をつなぐカギ。まさにそのことを実感する旅であった。

不魚住、馬鹿川——岩木川周辺で見つけた強烈地名［青森県］

津軽平野を潤す岩木川の河口に広がる十三《じゅうさん》湖。今や茫洋たる湖畔の小邑《しょうゆう》・十三も中世には日本有数の商港であった。その湖にかつて注いでいたその名も馬鹿《ばか》川、岩木川を遡った五所川原《ごしょがわら》になぜか不魚住《うおすまず》。本州最北に息づく不思議な地名を訪ねた。

不魚住、十三——魚がいないはずはないのに「うおすまず」

津軽といえば青森県の西半分であるが、そのうち岩木川右岸の下流域にあたるのが北津軽郡で、その南端にはかつて郡役所も置かれた五所川原の町がある。ストーブ列車で有名な津軽鉄道の起点だ。その市街の南端あたりには「不魚住」という珍しい地名がある。「うおすまず」と読むが、それにしても水

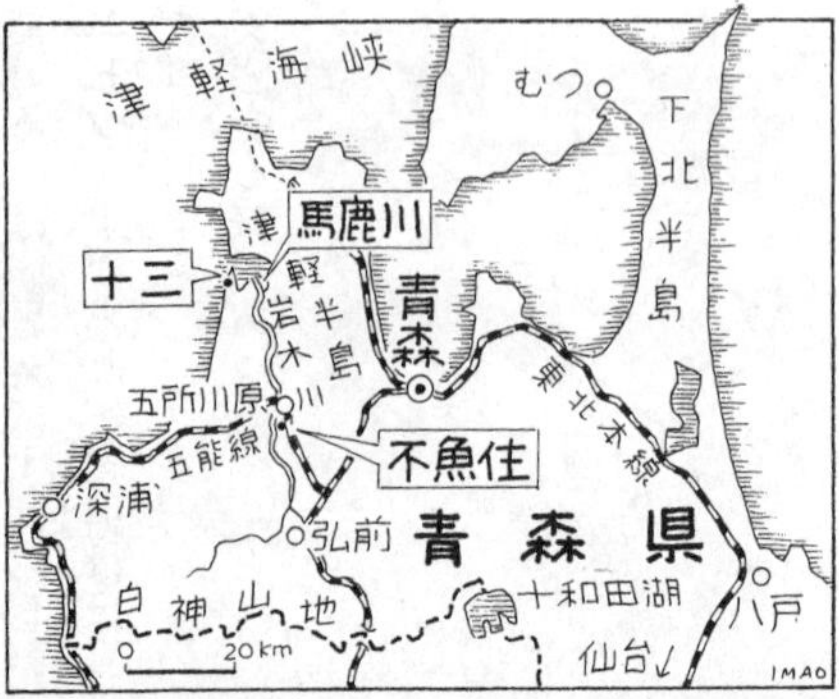

の豊かな岩木川に面していて魚が住まないとはなぜだろう。

行ってみると、まさに目の前が岩木川の堤防で、五所川原大橋に立って南を向けば目の前はるかに長く裾を引く岩木山が見えた。惜しくも山頂が雲のなかだったが。ちょうど支流の十川《とがわ》が合流する地点で、いかにも魚がいそうである。

とにかく土手から降りて不魚住の家々を歩いてみた。市街地の続きなので勤め人が多そうだ。「町内会長」の木札の掛かっているお宅は留守だったので、「会計」のご主人に聞いたが、なぜ不魚住なのかはご存じなかった。

「このあたりは昔は田んぼや畑だったところ。家が建ち始めたのは三〇年前ぐらいかな」

集落としては新しいのだが、地名は古い。小字《こあざ》の地名は無人の農地や山林にもつけられているので珍しくはないが、この不魚住の場合は江戸初期の貞享《じょうきょう》四年（一六八七）の検地水帳に記載された「魚すまず」まで三〇〇年以上遡ることができる。ところが肝心の由来については数軒訪ねたが「さあ」というばかり。地名事典にもなく、博物館で聞いても市立図書館で調べてもわからず、途方に暮れた。

こういうこともあるさ、と図書館を出たときにふと北海道の匂いがしたのは驚

［交通］不魚住▼ＪＲ五能線五所川原駅より南西約1.5㎞／馬鹿川▼津軽鉄道津軽中里駅より北北西約8㎞

きだった。何だか具体的にはわからないが、白樺と田んぼの匂いが混ざったような。ひょっとして不魚住はアイヌ語起源なのだろうか。

兵庫県明石市には正反対の「魚住《うおずみ》」という地名があるが、名寸隅《なきすみ》という古い地名が魚住《なすみ》に転じ、それがナ→ウオと変化したという。ナは古語で魚のことだ。あるいは「水清くして魚住まず」との関連はどうだろう。岩木山の噴火で水が強酸性になり、魚も住めなくなった……想像はいくらでも膨らむのだが。

翌日は一気に北へ抜けた。目的地は「十三」という地名である。その名のとおり十三湖に面しており、湖と日本海を隔てる砂州上に位置する集落だ。今は鄙びた漁村だが、中世には北日本を代表する湊町だった。博多や堺などと並ぶ「三津七湊」の一つとして全国にその名を轟《とどろ》かせていたというから、半端ではない。

鎌倉時代になって北条氏《ほうじよう》から蝦夷《えぞ》管領としてこの地を任されていた安東氏は湖の北岸の福島城に拠点を置き、瀬戸内海から九州方面まで広く活躍していた。湊の賑わいは「新町並棟振軒数千万家造商人売買任心」と表現され、鎖国以前のこと、中国や東南アジアからの船も多数来航していたと推測されている。

読み方は中世までは「とさ」であったが、近世に「じゅうさん」と変わった。トサはアイヌ語で「沼の広がったところ」という説があるが、津軽弘前藩の三代藩主・津

十三湖の北にある靄山《もややま》。小さいながら岩木山と高さを競った伝説も。「靄」はアイヌ語のモイワ（小山）にちなむらしい

ようやく文字になった「不魚住」を発見

冬のストーブ列車で有名な津軽鉄道は、夏には「風鈴列車」となる

軽土佐守信義《とさのかみのぶよし》の「土佐守」をはばかって読み方を変えた、と伝えられている。

現在の十三の集落から日本屈指の商港の面影を思い浮かべるのは難しいが、それが幻でなかった証拠が、この狭い砂州のあちこちから発見されている。高麗《こうらい》や中国の青磁・白磁、そして宋銭などもザクザク出たらしい。宋といえば一一～一二世紀のことだ。

木橋でつながった中の島へ渡ってみると市浦村《しうら》（現・五所川原市）歴史民俗資料館があり、そんな中世の賑わいの一端がうかがえる。明治期の地籍図が展示されていたが、これにより、間口が狭く奥行きが深い中世そのままの地割が現在まで生きていることがわかる。現在の集落はそれほど密集した印象はなかったが、市浦村役場で現在の地籍集成図を入手してみて、今なおまさに「櫛比《しっぴ》する」と形容するにふさわしい地割を確かめることもできた。

江戸時代以前は徒歩交通というイメージが一般にあるが、物資は圧倒的に水運であり、今でも遠い印象の十三湊《とさみなと》から博多、それに中国を結ぶ商業航路が存在したことを想像すると楽しい。当時の商人たちにとっては、現代人よりも意外に近い感覚で青森～九州～中国大陸を捉えていたのではないだろうか。

網野善彦氏は『海民と日本社会』で十三湊のことを紹介しているが、このなかで福井県敦賀《つるが》市にある気比《けひ》神宮にふれている。この「越前一の宮」では江戸初期に、将軍・家光の病気平癒祈願のため大鳥居が建てられたが、使われた材木は「土佐のもの」との記録があるそうだ。当然高知県の木が使われたとされたのだが、よく調べると実は青森名産のヒバだった。だから土佐は土佐でも奥州の十三《とさ》の木だったのである。遠い越前まで運ばれたのは、ひとえに津軽のヒバの質のよさによるものだろう。ヒバは朽ちにくい。

先ほどの地籍集成図を見れば、大字十三の小字にズバリ「土佐」というのがあるではないか。これは信頼できそうな話だ。ちなみに市浦村役場の森に囲まれた新しい庁舎には、立派なヒバの柱や梁がふんだんに使われている。

十三湊を治めた安東氏居館跡に建つ小学校も今は廃校に

十三小学校へ回ってみた。地形図では現役の小学校なのに、行ってみると人の姿がない。つい近年、閉校したばかりだそうだ。今は草の生い茂るその校庭からは安東氏の館跡が見つかったという。専用の水路が引き込まれ、幅広の道の遺構も確認された。

馬鹿川——身も蓋もない名前をつけられた川の正体

さて、十三湖にかつて注いでいた岩木川の分流に馬鹿《ばか》川というのがある。これを数年前に地形図で発見したときは驚いた。まことに強烈な名前なので、ぜひ現地へ行って看板でも撮ってこようと思ったのである。強風雨天のなか、車を走らせた。

馬鹿川の由来については、ずいぶん以前に中里町《なかさと》（現・中泊町）役場に電話で問い合わせたことがあった。もうすでに干拓以前から岩木川の本流から切り離されているため流れが定まらず、風まかせでブラブラしているから馬鹿川、という説明だった。

今回いろいろ探してみたら、「岩木川～みず・ひと・しぜん」という公開講座が平成一二年に行われていて、その記録がネット上に公開されていた。「岩木川を考える会」の長内氏はここで馬鹿川の昭和二〇年代頃の様子を大略次のように語っている。

「この川はその日の気分によって流れの向きが変わる。洗い流したはずの馬糞が飯を炊く水のなかに入ったり、風呂の水にエビやドジョウが浮かんでいたりするんです……」

実際に川まで行ってみると、なるほど川とは名ばかりで、一人前の川扱いされていないのだ。交差する道路は橋を架けずに馬鹿川を埋めて越えているし、残念なことに、どこにも川の名を示す看板がない。まったく馬鹿にされているとしかいいようがない

馬鹿川。昔は岩木川の分流として十三湖に注いでいたが、今は風まかせの細長い水たまりに

馬鹿川近くの「虫送り」の竜。害虫駆除を田の神に祈る

のだ。風のおかげで水面に波風は立っているものの、流れている気配は見られない。馬鹿川の自然堤防上に昭和になって誕生した若宮の集落の一軒に尋ねてみたところ、「さあて、わからないなあ」とのことだった。それどころか、「馬鹿川はもう二〇年くらい前に埋め立ててしまった」と言う人もいた。なるほど若宮集落に沿った「上流」の部分は、昔の地形図と比べるとまったく細い水路状になっており、地形図に馬鹿川の名が記されているけれど、これでは「川」とはいわない。

馬鹿川は岩木川の立派な堤防のところで自然消滅していたが、そこには若宮小学校の跡があった。資料館にあった終戦直後の空中写真を見る限り、馬鹿川のルートはほかの枝分かれした流れとともに、かつては十三湖に三角州をせり出させる役割をもった分流であったことがわかる。砂に埋まりやすい十三湖の水戸口《みとぐち》（海への出入り口）、それに広い流域の水を集める岩木川。必然的に十三湖の水位は上がり、馬鹿といわれようが逆流するしかないのだ。今では干拓地に出口を塞がれて息ができない状態だが。

ふと馬鹿川の末路の水門のところを見ると、津軽独特の「虫送り」で据えられたワラの竜が雨に濡れている。少し前の夏至の頃に作られたばかりだろう。鹿の角のようなものを備え、カッと目を見開いた立派なものだ。昔からこうして寒冷地の民は田の神に感謝しつつ、田んぼの病害虫の退散を真剣に祈ってきた。夏の冷たい横なぐりの雨のなかでこの竜が見られたのは、津軽の昔をしのぶにはよかったかもしれない。

万字、鳩山、スウェーデンヒルズ——議会承認ずみの正式地名［北海道］

北海道の地名といえば、どれもアイヌ語起源と思われがちだが、入植者が故郷の名をつけたり、ゆかりの人名にするなどの例も少なくない。「資本家地名」の万字《まんじ》、「農場主地名」の鳩山、直輸入住宅地のスウェーデンヒルズなど「和人地名」を訪ねた。

万字——北海道の和人地名① 資本家地名

北海道の地名といえばアイヌ語を連想するかもしれない。なるほど札幌も釧路も長万部《おしゃまんべ》も先住民のつけた地名が元になっているし、よく取り上げられる。しかし、そうでない地名も非常に多いことをご存じだろうか。有珠《うす》山近くの伊達《だて》市など、宮城県・旧亘《わた》理《り》城主の伊達邦成一行が開拓した名残であるし、最

近になって市制施行した北広島市も広島県人による「広島開墾」が始まりだ。

このように、昔からアイヌ人がその地の自然や生活に結びついた地名を土地に与えていたのとは別に、後からやってきた「和人」が自分の出身地や家名を、あるいは開拓村繁栄の祈りを込めて命名した新地名、いわば「和人地名」にここでは注目してみたい。

明治の中頃から本格的に採掘が始まった石狩炭田には、三菱や三井その他多くの資本が分け入ったが、そのなかで万字炭山は岩見沢の東方約二〇キロ、幌向《ほろむい》川の谷にあった。夕張や幌内《ほろない》といった炭鉱の名はアイヌ語起源であるが、この万字は違う。ここの当初の鉱区所有者であった実業家・朝《あさ》吹英二《ぶきえいじ》の家紋の卍《まんじ》にちなんだもので、現在、万字には英二の英の字をとった英町《はなぶさちょう》、家紋の「まんじ巴」にちなむ巴町《ともえちょう》などがある。

ここで朝吹英一（明治四二年生）という似た名前を思い出した人は木琴を習ったことのある人だろう。この人は一七歳でその木琴演奏がJOAK（現NHK）で放送され、日中戦争が始まった昭和一二年にはヴィブラフォン独奏を本邦初放送した経歴をもついっぽうで、慶応の経済を出た三井

［交通］万字▼JR岩見沢バスセンターより万字簡易局前行きバス53分／鳩山▼JR室蘭本線栗山駅より北東へ約5㎞／鶉▼砂川ターミナルより上砂川方面行きバス約10分／月形▼JR札沼線（学園都市線）月形駅下車／スウェーデンヒルズ▼JR札沼線（学園都市線）石狩太美駅より専用連絡バス約10分

信託の社員でもあったというからすごい人なのだ。この人の祖父こそが万字の朝吹英二である。

私も朝吹英一さん編曲のマリンバ曲集をさんざん弾いたので、これも何かのご縁であろうと、万字を訪ねることにした。まずは奥のほうにある万字小学校の跡地を訪ねた。北海道では一般的なトタン葺きだが、校舎は大きい。後で地元の人に聞いたら最盛期には八〇〇人の子どもたちが通っていたという。今は広い校庭を夏草が覆っている。音楽室で木琴を弾いた子どもは、ひょっとして英二――英一――万字の関係を知っていただろうか……。

炭鉱町というのは残酷なもので、モノが出なくなったり需要が減ったりすれば、その影響は非常に直接的だ。炭鉱住宅からは櫛の歯が欠けるように人がいなくなってしまう。魚屋さん（と思われる）の店の扉を開けると、八〇歳というには若いご主人。ほとんど人の通らない万字「市街地」のメインストリートでお話をうかがうと、隣の立派な店の廃墟は呉服屋だったという。見ると、平屋ながらハンパでない大きな構えである。側面は大谷石の巨大な壁で、広大な青いトタン屋根が風雪に少しひしゃげながらも、まだ威厳を保っている。

「隣の空き地は歯医者。女の子がいるような料理屋も何軒もあったよ。魚屋も、信じ

かつては商店や料理屋が並んだ万字の目抜き通り

大きな呉服店の廃墟。市街が人で賑っていた頃はさぞ……

旧国鉄万字駅のホーム跡に建てられた記念碑

開拓農村では碁盤目状の通りに○線、○号と数字を振った

られないかもしれないが万字だけで一〇軒ほどあった。俺も若い頃は天秤棒を担いで売りに歩いたもんだ。戦争中は横須賀の海軍。終戦のときには軍隊で毛布を二枚もらって帰ってきたよ。軍隊がなくなったんだから。息子はガントウ（岩見沢東高）を出て北大。今は大学教授やってる」

教授の父は、ふとルピナスの咲く隣の空き地を見た。この可憐な帰化植物はなぜか人間の生活跡地に群生する。北海道の廃線跡や廃坑、廃村へ行くと、どこでも必ずこれが諸行無常の面もちで咲いているのである。

「向こうは本屋。子どもがたくさんいた頃は教科書を扱ってた」という本屋さんへ行ってみると、お菓子や乾物を少しだけ並べた店だ。七〇代とお見受けする奥さんは、もう人が減って商売にならない、という。

「今は安売りの店があるでしょう、もう卸値だもん、かなうわけがない。それに最近は賞味期限がやかましいでしょ。売れなくても置いておけないし……」

呉服屋跡と本屋跡の間が駅跡だ。旧国鉄万字線である。この線は大正三年（一九一四）に開通、最盛期には年間六三万トンの石炭を運ぶ重要路線だったのだが、昭和五一年の閉山以降は人口の急減で旅客輸送も閑古鳥が鳴き、五七年度には営業係数（一〇〇円稼ぐのにかかる経費）がなんと二八〇七にまで悪化した。廃止は昭和六〇年のことである。

その万字の駅舎を流用しているのが万字仲町簡易郵便局。出札窓口がそのまま局の窓口になっていて、ちゃんとオンラインの端末が入っている。唯一と思われる職員の女性に駅の階段が裏手に残っていると聞き、さっそく行ってみた。階段はもちろん、草に少し覆われながらも一本のホームが原形を留めている。彼女は万字線ありし頃の写真のコピーを取り出して見せてくれたが、当時は階段に立派な板張りの屋根がついていた。

「映画館があったんですよ。炭山のほうにもこちらの市街にも。料理屋なんかがこちらにあるのは、炭鉱の人が遊びすぎないように、というのを聞いたことがあります」

鳩山、鶉——北海道の和人地名② 農場主地名

家紋が地名の由来というのは珍しいが、農場主名をつけた地名はたくさんある。このうち子孫が著名人の地名といえばこれだろう。栗山町の「鳩山」。ご想像どおり、かの民主党幹事長・鳩山由紀夫さん*、自民党の鳩山邦夫さんの兄弟だが、まさに彼らの曾祖父である鳩山和夫という人が当初の農場経営者だったのである。ちなみにこの人もやはり衆議院議長をつとめた代議士であり、鳩山家が代々総理や外相など大臣を

＊平成24年（2012）11月に政界引退を表明した。

輩出しているのは周知のとおりである。鳩山神社や鳩山池というのもあるし、行ってみよう。

途中、お昼にさしかかったので栗山市街近くの国道沿いの「さくら亭」で日替わり定食。鰻のちらしと肉豆腐、それにラーメンサラダという北海道ならではの斬新でボリュームのあるメニューで、店のご主人も当然ながら鳩山の地名の由来はご存じだった。

栗山の市街からは北東へ雨煙別《うえんべつ》川を遡る。雨に煙るという雰囲気のある川の名と思いきや、アイヌ語でウェンペッは「悪い川」を意味する。具体的に何が悪いのか不明らしいが、金っ気が強いのかもしれない、という。鳩山の入り口にあたるところに立派な木造校舎があった。ところが平日なのに人気はなく、よく見ると一部脱落した「さようなら雨煙別小学校」のプレートが打ちつけてあった。真新しい記念碑を見ると、平成一〇年閉校とある。校舎にはまだ子どもたちの体温が残っているかのようで、窓からなかを覗くと「ありがとう」の短冊が下がっていた。校舎は昭和一一年の建造で、当時は三六八名の子どもたちが在籍していたそうだが、閉校時は二七名だったという。学校がなくなるのは地域の人々にとってほんとうに寂しいものだろう。

小学校跡から少し入った鳩山は畑の広がる丘陵地と水田の平地にまたがる、空の広い村である。通り過ぎてしまいそうな小さな鳥居が鳩山神社の入り口にあり、神社名を記した石碑には「参議院議員・鳩山威《い》一郎《いちろう》謹書」とあった。農場経営者の孫であり、鳩山兄弟の父の名である。

「この神社は、もとは別の名前の小さな鎮守だったの。それが荒れていたのを鳩山威一郎先生が立候補された頃かな、きれいにしてもらって。それで鳩山神社になった」と近所で畑仕事をしていたおじさんは説明してくれた。神社の少し北へ行くと棚田の向こうに鳩山池の水面が光っている。

鳩山家ゆかりの鳩山神社

　石狩炭田地帯へ来ると、筆者の趣味でついつい廃線や廃坑に引きつけられてしまうが、次は上砂川を目指そうと思う。ここにも和人地名がある。函館本線や国道12号に面した砂川から少し東へ入った谷が上砂川だ。

　町はずれの「かみすながわ炭鉱館」で、この炭鉱町の基礎知識を仕入れた。そもそも上砂川町は砂川市と歌志《うたし》内《ない》市（当時は双方とも町）から昭和二四年に分かれて誕生した新しい町だが、当時の人口はすでに三万人を数えたという。人口だけ見ればいきなり市制施行できたレベルである。小学校もあふれ返っていたそうで、最盛期にはびっしり建ち並ぶ炭鉱住宅などから通ってくる児童数が約三〇〇〇人いたというから、さぞ活気があったのだろう。それが今では町の人口も約五二〇〇人(平成一九年一月末現在四四七八人＊)と、最盛期の六分の一だ。現在も独立した町だけあって万字のようなさびれ方ではないが、「炭鉱館」で半世紀ほども前の商店街の賑やかな写真を見ると、現在との違いは明らかだ。

この上砂川に最初に移住したのが山内甚之助という人だった。明治三二年(一八九九)のことで、現在の町域西端の鶉《うずら》という地区である。この地名は彼の故郷であった福井県坂井郡鶉村(現・福井市内)の名を借りたものであるが、実はこの鶉村、そのわずか一〇年前の明治二二年に町村制により一五村合併で誕生した際、村内にある鶉山の名を採った新村名なのである。だから双方の鶉は、それほど古さは変わらない。しかも「本家」であった福井県鶉村は昭和三〇年に合併で早々と消滅してしまったため、生き残ったものはこちらの「分家」だけなのである。

＊平成24年(2012)10月末現在、3780人で最盛期の8分の1。

集治監沢、月形、スウェーデンヒルズ——突如出現した欧州地名

上砂川を後にして南西の月形町《つきがたちょう》へ向かった。月形も鳩山と同様に人名起源地名ではあるが、いわゆる「開拓関係」ではない。この地は樺戸《かばと》集治監《しゅうちかん》のあった場所として知られているが、「近代法治国家における矯正施設」として北海道で初めて設けられた。今も当時の建物を博物館として開放している。その初代典獄つまり刑務所長の月形潔《きよし》という人の姓を採用したのである。人格高潔ではあったそうだが、「所長地名」など他に例がないのではなかろうか。

月形町へ向かう途中、付近の丘陵地に「集治監沢」の地名があるのを地形図で発見した。月形の樺戸集治監とはだいぶ離れているのになぜだと、そちらに急行してみる。浅い谷沿いに水田と白樺がほど近く同居しているのがこのあたりの風景の特色だが、熱帯由来の植物である稲がこんな寒冷地で育てられるようになったのは、明治以来のコメに賭ける先人の努力の結果であろう。

集治監沢の農家のおじさんに聞いてみると、あまり詳しく知らないのだがと断りつつも、ここへ囚人たちが来て作業をしたからそんな名がついたと聞いている、という。集治監の敷地であったわけではなく、谷の入り口に囚人たちを収容する建物があったようだ。集治監では食糧自給のため周辺の森林や原野を囚人に開墾させたので、この

あたりの水田もその成果なのだろう。しかし昔の厳しい労役をしのばせる何物も見当たらず、田んぼと森の平和な農村である。

月形の博物館についてはガイドブックにも載っているから詳述しないが、北海道の幹線道路の建設や炭鉱労働にいかに多くの囚人が関わっているかを再認識させられた。「囚人を使えば格安で開拓ができる。もし囚人が死んだところで、どうせ悪いことをしたんだし……」などと道の要職にある人が発言していた時代。さすがに世論の批判も高まり、「外役《がいえき》」はその後停止されたが、その陰には月形さんのほかにも外役反対を唱え続けた良心的な典獄の存在があったのだ。

今回の最後の訪問地は札幌北郊の当別町《とうべつちょう》にある、その名も「スウェーデンヒルズ」である。「スウェーデンハウス」を建て売りする業者の命名なのだが、横浜の「たまプラーザ」や兵庫県三田市《さんだ》の「フラワータウン」などが駅名や宅地売り出しの商標であるの(町名は日本語)のとは違ってスウェーデンヒルズは町議会の議決を経た正真正銘の正式地名だ。おまけに「ウエスト一丁目」や「イースト二丁目」というのがつく。

田植えの終わったばかりの水田がどこまでも続く石狩郡当別町の平坦地を走っていると、北側に丘陵の先端部分が近づいてくる。この上にあるのが別世界、スウェーデンヒルズだ。坂道を登ると次々に現れる臙脂《えんじ》色の板張り、一枚ガラスの大きな窓と白

集治監の旧庁舎を利用した月形町・樺戸博物館

浮世橋。やっと出獄できた人が初めて渡った橋だろうか……

スウェーデン住宅が建ち並ぶスウェーデンヒルズ

い窓枠、広い庭と白樺。まさにストックホルム近郊へ迷い込んだかのようだ。公園では若夫婦が幼児を遊ばせている光景を見かけたが、彼らが黒髪の見慣れた姿でなければ、誰もここが日本であるとは思うまい。このスウェーデン、以前は獅子内《ししない》という大字の一部だったのだそうだ。しかし「獅子内住宅」では売れないのだろうな、やっぱり。

そんなわけで炭鉱労働者や囚人や、寒冷地なのに意地でもコメを作った農民など、苦しい思いをした多くの人々の労働の上に現在の北海道、いや近代日本がある。今は三井の実業家でなくてもテニスが楽しめるし、木琴も小学校には必ずある。それだけでなく、大金持ちでなくても憧れのスウェーデン生活を楽しむことができるようになった。彼の地の平均寿命も追い抜いた……。万字からスウェーデンヒルズまで。地名から北海道の重層的な近現代史が見えてくるではないか。

第二章　さて、どう読む？　超難読地名を歩く

無音、雪車町、心像――美しく、読めない雪国の地名［山形県・秋田県］

米どころ・庄内平野のまんなかにある謎の地名――無音《よばらず》、山越えを控えた街道沿いの雪車町《そりまち》、そして羽後の静かな山里にある心像《こころやり》。美しくも難読、しかも謎に満ちた響きにひかれ、まだ雪の残る早春の出羽へ一日数本のローカルバスに乗って、その景色と由来を訪ねた。

無音――竜神伝説のある庄内平野の村へ

目的もなく地図を眺めていると、日本にはつくづくいろんな地名があるものだ、と思う。五万分の一地形図で山形県の庄内平野に「無音」という地名を見つけたのは、いつの頃だっただろう。「よばらず」とルビが振ってある。静かに降り積もる一面の白雪に浮かび上がった小さな村、地名を見ただけで

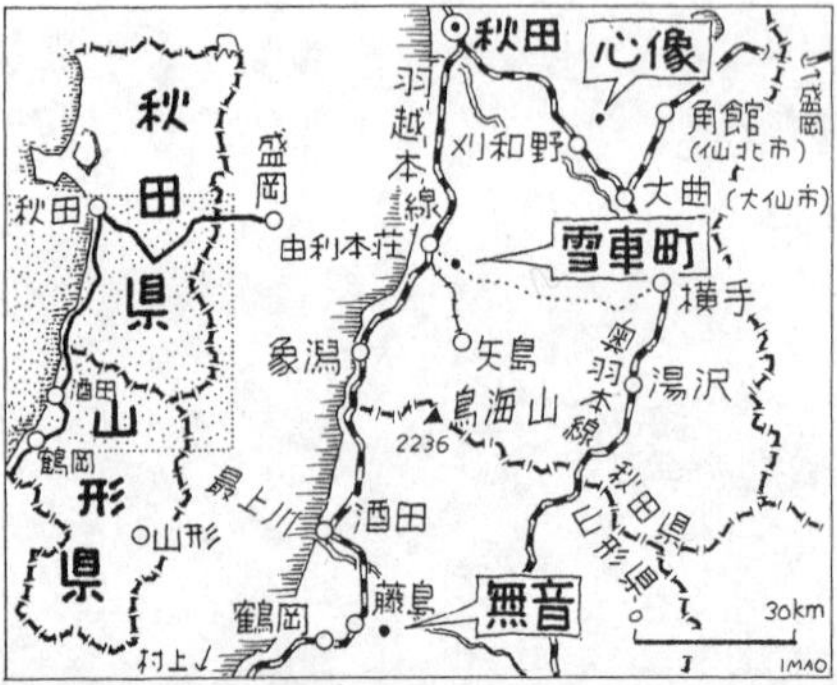

そんな風景を想像してしまったものだ。

羽黒山の麓《ふもと》、田んぼが一面に広がる庄内平野の東端あたりに無音はある。そこまで直通するバスはないが、鶴岡から最寄りの川尻までならバスが一日四本出ている。行き先は陸羽西線の狩川《かりかわ》駅。

鶴岡駅前一四時五四分発の「第三便」は、買い物帰りのおばちゃんたちを中心に数人を乗せて発車した。今年は例外的に根雪のない三月である。羽越国境の朝日連山のほうから流れてくる赤川《あかがわ》を渡ると幕野内《まくのうち》という集落を過ぎたが、どんないわれがあるのだろう。

路線バスはたいてい集落のある旧道でお客を集めながら走るので、たまに一直線のバイパスを渡っては、快走する自家用車たちをやり過ごす。彼らの隆盛がバスを老人と高校生の専用交通機関にさせてしまったわけだが、それでも鄙びた旧道を選んで走ってくれるのは、旅行者としては嬉しいものだ。

旧道は圃場《ほじょう》整備が済んだ碁盤目状の田んぼのなかで、ひとり古風なカーブを描いていて、道の曲がり方だけが昔を物語っている。「平足」と書いて「へいそく」とは珍しい、などと感心していたら川尻のバス停に着いた。

［交通］無音▼ＪＲ羽越本線鶴岡駅5番乗り場より庄内交通バス狩川駅行き（1日4本）約30分川尻下車北へ約1㎞／雪車町▼ＪＲ羽越本線羽後本荘駅より羽後交通バス横手行き約20分雪車町入口下車／心像▼ＪＲ奥羽本線刈和野駅より羽後交通バス心像・鬼頭行き（1日4本）27分鬼頭下車

無音の最寄り停留所である。

川尻から田んぼのなかを一キロ少々歩くと無音に着く。大きな構えの屋敷が多く、静まりかえった家並みを早春の冷たい風が吹き抜けている。「よばらず」のいわれをご存じの方はいらっしゃるだろうか。農作業に出ていた人に聞いてみると、高山金弘さんなら詳しいという。

玄関先でちょっとお話を、というつもりが、「まあ上がって」となった。八二歳には見えない若々しさで、無音の獅子踊りについて明治時代に遡って綿密に調査された冊子をいただいた。米作りの農家だが昔は藤島（現・鶴岡市）の町会議員も長くつとめた人だ。藤島を中心とする地域は獅子踊りが盛んで、無音でも若い人が多かった頃はやったそうだが、今は人手不足で……。

無音のいわれはこうだ。

昔、このあたりは沼であった。村人は隣村と行き来するときにこの沼を舟で渡ったのだが、音を立てると沼の主である竜神が怒って舟をひっくり返す。だから「よばらないように」無言で渡った。

どこまでも田んぼが続く早春の庄内。無音の集落が見えてきた

無音の神社脇に沼があった。竜神伝説を彷彿とさせる

あるとき、村の満福寺で和尚さんが朝の読経をしていたところ、沼の主が柳の木に巻きついてじっと聞いている風であった。昇天したがっているのだろうとお経を上げると、竜は何度も礼を言って池に沈んでいき、やがて「縫い目のない衣」と「宝石」をお礼に置いていった、という話も伝わっている。実は先ほどバスで通り過ぎた平足という地名も、竜神をおそれて足音を立てずに通ったことからきているという。最後に高山さんにご住所をうかがうと、無音字《あざ》「沼田」だというから驚いた。地名がちゃんと歴史を語っているではないか。そういえば、村のまんなかにある皇太神社の隣には小さな沼があった。

雪車町——城下町本荘のソリの町とは？

「羽後本荘といえば由利正宗《ゆりまさむね》」なんて酒の銘柄を連想するのは、だいぶその筋に詳しい人かもしれないが、秋田はお米がいいから、良質の水と組み合わさって各所に名酒が誕生するのだろう。水がいいと地名もたくさん残るのか、ここ本荘市（現・由利本荘市）には無粋な「中央一丁目」のようなものがなく、猟師町、肴町、桶屋町といった昔からの城下町由来の地名がたくさんある。お城の北に広がる市街地の東側が旧武家屋敷、西が町人町だったそうだが、防衛上の理由で意図的に設けられた行き止まり

子吉川に面した本荘の漁港に漁船が数隻。かつては北前船の寄港地として賑わった

雪車町で「ソリマチ」と読む難読地名。来るバスはまばらだ

（遠見遮断）や、いくつも並んだお寺のたたずまいが城下町らしい。

市街の北を流れる子吉《こよし》川に面した古雪《ふるゆき》町はきれいな地名だ。今は小さな漁港に過ぎないが、昔は北前船《きたまえぶね》で賑わった湊町《みなとまち》なのだという。古雪とは八世紀、坂上田村麻呂《さかのうえのたむらまろ》の時代に蝦夷《えぞ》防御のために築かれた古い由理柵《ゆりのき》、つまり由利郡の古柵《ふるき》が訛《なま》ったのではないか、とする説がある。

ところで、本荘のお城以南は大字出戸《おおあざでと》町《まち》という。ずいぶんと広い範囲を占めるのだが、必ずその下に昔ながらの「字《あざ》〇〇」がついているのが目立つ。東京や関西を含め、全国の大半が大字の後に番地をつけただけの表示をして「字」を省略している（または廃止した）のに対し、ここ本荘では字が今なお現役だ。本荘でいかに地名が大切にされているか……といいたいところだが、実は理由がある。

ふつう地番は「大字」全体の通し番号なのに対して、秋田県など東北地方の一部では大字でなく「字」ごとに番号を振っているからだ。したがって同じ大字でも字ごとに一番地や二番地があるため、字名を省略してしまったら場所が特定できないのである。

そんなわけで偉大なる（？）先人の決定により、現代に生き残っている字名を訪ねる楽しみがここにはある。出戸町には約五〇もの字があるらしい。鶴舞小学校の近くに砂糖畑という字があるので行ってみたが、もちろん北国にサトウキビ畑があるわけでもなく、静かな小高い住宅地が広がっていた。サトウという音をもつ地名に茶目っ気のある先人が「砂糖」の字を当てたのだろうか。

羽後本荘の駅から南東へバスで二〇分ほど、子吉川を渡って広々とした田んぼの連なりを抜けていくと、山が少しずつ両手に迫ってくる。国道107号、笹森丘陵を支流の石沢川沿いに東進して老方《おいかた》（東由利町＝現・由利本荘市）、浅舞《あさまい》（平鹿町《ひらかまち》＝現・横手市）を経て横手に至る横手街道である。車窓南には出羽の最高峰である鳥海山《ちょうかいさん》（二二三六メートル）。今年は麓の雪が少ないので、遠くでひときわ白く輝く姿は神々しいほどの威厳に包まれている。

今は本荘市内に含まれる万願寺の村から旧道へ入り、ときに屈折した道を数人の客を乗せた羽後交通のバスは録音アナウンスを空しく響かせていく。古い家並みの合間に設けられた停留所をうかがいつつ、先ほど分かれたはずの新国道と交差、さらに東進すると目指す雪車町《そりまち》だ。

集会所のようなところでお葬式をやっていたせいか外に出ている人がおらず、雪車町の由来を教えてくれそうな人になかなか会えなかったが、縄を張って地面を測っていたおじさんに聞いた話はこうだ。

「昔は山を越えていく横手街道には馬ソリが行き来していて、雪深い冬は難儀だからこの雪車町あたりで一服していったんだ」

このへんにソリをもっているお家はありませんかと尋ねると、ウチにもあるよ、と納屋の屋根裏へ案内してくれた。馬ソリは予想以上に大きくて全貌をつかむのは難しかったが、人馬一体の暮らしぶりの一端を想像することはできた。

ところで、地名は昔も「雪車町村」であり、「雪車村」ではなかった。今の感覚だとなぜ町と村を重ねるのか不思議だが、町というのは市の立ったりする小なりとはいえ商業の場であり、〇〇町村、というのは明治の町村制以前はあちこちにふつうに見られたパターンだ。

しかしこの雪車町のマチは、地名学的にいえばそれとも違うらしく、田んぼなどの区画を意味するらしい。ソリも「焼き畑」のことで、柳田國男の『地名の研究』にも反町《そりまち》に言及した個所がある。ソリは「山村に今も行われる普通語で焼き畑を意味する」といい、草里、草履、反リ、惣利など全国に及ぶ実例が挙げられている。

こうなってくると、雪車町も雪の上を走るソリや、みんなが茶屋で一服したような「町」とは関係ない、ということなのかもしれない。なんだか無粋な結論に導かれそうになるが、寒いなか、馬も人もともに一服し、つかの間の休息のときを過ごした……。そんな昔の風景をみんなが心のなかで共有していることにこそ意味があるのではないだろうか。もちろん伝統的な焼き畑がここで行われていたことを検証するのもいっぽうで重要な仕事ではあるが。

残雪の心像――出羽の山里に美しい地名を訪ねる

秋田と大曲《おおまがり》の間、雄物《おもの》川に面して刈和野《かりわの》という町がある。今は西仙北《にしせんぼく》町の町役場（現・大仙市西仙北総合支所）所在地だが、かつては羽州《うしゅう》街道の宿駅として、また雄物川の河港として賑わった。駅にはホームに面して長大なガラスケースがあり、見事に太い綱がどーんと横たわっている。五〇〇年の歴史をもつ日本一の大綱引きだそうで、毎年旧正月に行われているという。

その刈和野の駅前から一日四本、「心像《こころやり》・鬼頭《おにこうべ》」と行き先を掲げた羽後交通のバスが走っている。一五時ちょうど発の便は駅前での乗客が筆者ひとりだけだったので、これは終点まで貸し切り状態かと思っていたら、途中の土川《つちかわ》小学校で下校の子どもたちが一九人も乗ってきた。一転して車内が実に賑やかになる。バスはこれから心像川流域に点在する村々へこの子どもたちを降ろしていくのだろう。昔の地図によれば心像の小学校は小又《こまた》川が合流するあたりにあって、今もそれらしい建物が残っているのが二万五千分の一地形図に認められる。

「いつ頃廃校になったんですか?」との問いに、隣に座っていたおばちゃんは「さあて、ずいぶん前のことで……」。最近はどこでも町役場のスクールバス、でなければ路線バスが子どもたちを運んでいる。

運転手さんは誰がどこで降りるかちゃんと把握していて、子どもたちも「ありがとうございました」などと挨拶して元気に降りていく。バス停には笑顔のお母さんやおばあちゃんが待っていて、子どもを迎える表情は都市も農村も変わらないものだとつくづく思う。

終点の鬼頭まで乗ったのは筆者のほかに、町へ買い物に行ってきたと思われるおばさんひとりだけ。いつの間にか沿道の雪も深さが増していて、十数軒の民家が重い屋根の下でひっそりしていた。異常な暖冬であったとはいえ、さすがにここまで来ると雪が深い。鬼頭というのは、坂上田村麻呂の伝説があるそうで、ここで蝦夷《えぞ》の大滝丸を捕らえて首を刎ねたことにちなむという。本荘の古雪町も蝦夷防ぎの柵がらみであったが、朝廷にとって出羽国はやはり北辺の地である。それにしても、どうして先住民はこうも「鬼」にされてしまうのだろう。今でも「退治すべき鬼」を求め続けている国があるけれど。

奥羽本線刈和野駅前で発車を待つ心像・鬼頭行きのバス

すわ切支丹少女伝説にちなむか、と思いきや……

この先には集落はなく道も間もなく行き止まりなので、ここから下流方向に点在する心像の小集落を見ながら歩いて下ろうと思う。中畑、市道と過ぎてしばらく行くと寺村《てらむら》という集落があるが、その名のとおり、集落の北側には正福寺《しょうふくじ》がある。山号はその名も「心像山《しんしょうざん》」。村名もかつては「心鐽」と書いたそうだが、この寺が移転してきた享保（一七一六〜三六）の初め頃に表記が心像に変わったらしい。

行き止まりの谷なので通過する自動車も少なく、静かな心像川に沿った広い谷の雪景色を寺村から少し下っていくと、学校の跡地に着いた。心像小学校と土川中学校心像分校という文字の薄れた表札のついた門柱が雪のなかに埋もれかけていた。少し離れたところに、両校跡に加えて心像保育園跡と三つ並んで彫られた記念碑もある。校舎（園舎）は現在心像会館という住民の集会所として使われているが、窓ガラスに残っていた保育園時代のかわいらしい飾りつけが、何ともいえず寂しさを誘う。

この心像の村には隠れ切支丹《キリシタン》伝説がある。山を東に越えた角館《かくのだて》の町にお園という美しい娘がいたという。ところが切支丹であったがゆえに追われ、この村で捕らえられ、磔《はりつけ》にされたのだそうだ。そこに一八歳の娘にちなんで十八坂という地名が残っている。詳しい場所はわからなかったが、床畑《ゆかばた》という地区のようだ。

そんな切支丹伝説のことが頭にあったからか、学校跡地を出て間もなくの道端に庚《こう》申《しん》塔を見つけたときには驚いた。なんと十字架を持っているではないか。しかし帰ってから詳しい人に聞くと、十字架ではなく「三叉戟《さんさげき》」を持った青面金剛《しょうめんこんごう》の一般的な形式ということがわかったが。先端が三つに分かれた矛のような武器だが、見方によっては十字架に見えるものもあるという。

なんだ、怪談を聞いた夜道、柳の下の酔っぱらいをオバケと勘違いする類ではないか。しかし、切支丹禁制の時代である。おおっぴらに十字架を刻むわけにもいかず、とはいえ亡くなった娘のことが忘れられず、十字架に似せた三叉戟を持つ青面金剛を彫りつけた人がいた……これは考えすぎだろうか。

心像の像という字は「かたち」「にすがた」である。心像。なんと美しい地名だろう。

八尺鏡野、一雨、防己——南紀熊野路のいわくありげな地名［和歌山県］

南紀は照葉樹林に満ちた「木の国」の核心部である。紀伊半島は奥深く、神武《じんむ》天皇を大和へ導いた八《や》咫烏《たがらす》の物語を秘めた地名をはじめ、いわくありげな地名が浜辺や重畳たる山の合間に点在している。雨にけむる幽谷の地に分け入って、味わい深い地名を訪れた。

八尺鏡野、粉白——雨にけむる幽谷の地を分け入る

紀伊の国は「木の国」といわれるだけあって山が深い。森はクスノキなどの照葉樹が多いから黒々としており、そこを驟雨が通り抜けると、深い谷間から霊気に満ちたような雲が湧き出てくる。まるで南画の世界だ。

そんな深山幽谷と岩多き海辺という浮き世離れし

た舞台装置ゆえに、古くから修験道《しゅげんどう》の行場《ぎょうば》として選ばれたのだろう。また、無数の峠を越えてやっとたどり着く峻険な旅路であるからこそ、平安の昔から熊野詣でが特別な熱気をもって支持されたのではないだろうか。

そんな緑深い南紀の地図を丹念に見ていくと、いわくありげな地名がいくつもある。なかでも那智勝浦町にある「八尺鏡野」という地名は目を引いた。これで「やたがの」と読むのだが、八咫鏡《やたのかがみ》といえば天照大神《あまてらすおおみかみ》が岩戸に隠れてしまったときに石凝姥命《いしこりどめのみこと》が作った大きな鏡と伝えられ、皇室の「三種の神器」の一つであることはいうまでもない。

神武天皇が熊野から八咫烏の案内で大和へ向かったという話にぴったりの位置にこの八尺鏡野があるので、行ってみたくなった。現地では町営バスの停留所が八咫鏡野となっていたが、後で聞いたところによれば、本来はやはり咫の字だったそうだ。八尺鏡野は紀勢本線の下里《しもさと》駅近くを流れる太田川を少し遡った西側、県道沿いに二〇軒足らずの家並みが続いている。

集落の入り口には製材所があった。原木が積み上げられ、別棟では今まさに轟音を上げて製材中である。木の香りに迎えられながら静かな道を歩いていく。玄関脇で洗濯をしていたおばさんにお話をうかがうと、戦後しばらく

［交通］八尺鏡野▼ＪＲ紀勢本線下里駅下車国道で太田川を渡り右折、計約1.5km／一雨▼ＪＲ紀勢本線古座駅よりふるさとバス本川線松根行き（1日2本）19分一雨上地下車／防己▼ＪＲ紀勢本線周参見駅よりすさみ交通バス小附行き（1日1本）30分防己下車

まで、この太田川では丸太を流していたという。

「川ではよく泳いだね。でも丸太を流すときだけは危ないので陸に上がった。昔は潜って面白い淵もたくさんあったが、今は勝浦や太地の町の上水道として上流で取られちゃって昔よりずっと水は少なくなった」

昼食のため八尺鏡野のそば屋さんに入った。店の名は「あづみ野」という。ご主人が信州安曇野《あづみの》のご出身とのことだが、南紀で信州そばを食べることになるとは思わなかった。話をするうち、奥様の親戚がこの八尺鏡野の区長(自治会長)で、由来に詳しいのではないかと、わざわざ呼んでいただいた。

その竹中穣二区長は地元の歴史や地名について調べておられる。もと小学校の先生の佐藤鯨洋《げいよう》さんが古老からの聞き取りをまとめて地元新聞に連載したという「下里の民話」のおよそ次のような引用文を見せてくれた。

今から三千年前、天照大神が石凝留命(石凝姥命)に鏡を作るようにと下界へ赴かせ、着いたのがこの八尺鏡野であった。命は太田川で禊《みそぎ》をしてから鏡を打ちにかかった。やがて鏡は完成したが、かすかな傷のため作り直しを命じられてしまう。命は鏡を持ち帰って注意深く作り直し、やっと完璧な鏡を作り上げ、天照大神に渡した。これが伊勢神宮のご神体「八咫鏡」となったわけだが、傷のある鏡は当地の八咫烏神社に残された。しかしこの鏡は、あるとき泥棒に持ち去られてしまう。天罰テキメンで金縛りとなった泥棒は鏡を置いて逃げていったのだが、それ以来、鏡の行方はわからなくなってしまったという……。

考えてみれば、熊野には板屋に代表される銅山が分布していて、鏡が古くから銅と錫《すず》の合金で作られたことを考えると、八尺鏡野の伝承も何か妙に真実味を帯びてくる。当時は精錬とか合金は魔術に近かっただろうから。

八尺鏡野にある小さな祠《ほこら》・八咫烏神社

ここから少し南に向かい、紀勢本線の踏切を渡った海側に粉白《このしろ》という地名がある。八尺鏡野から歩いてもほど近いので、国道42号の旧道を歩いて行ってみた。間もなく玉ノ浦海岸に出たが、海をのぞむ場所には八尺鏡野の竹中さんに紹介いただいた小谷博信さんが喫茶店を開いている。小谷さんは喫茶店経営のかたわらウミガメの保護活動を行い、ジャズの演奏会を主催したり、という多面的な活動をしておられるが、地元の歴史にもたいへん詳しい方だ。

粉白の玉ノ浦が万葉集にいくつも詠まれていることは初めて知ったが、小谷さんの店「ポポロ」のマッチにも「荒磯ゆも　まして思へや　玉の浦の　離れ小島の　夢にし見ゆる」が印刷されている。

小谷さんの話によれば『紀伊続風土記』には紀州人・小代《こしろ》兵庫という人の記録があり、この人は南北朝時代の武将、楠木正成《くすのきまさしげ》の長子・正行《まさつら》の文の師であり、地元にある「粉白殿の墓」の主がその小代ではないか、とされているという。地名と姓はニワトリか卵か、みたいな関係があるので、コノシロという地名が先なのか、コノシロさんが住んだから粉白なのかは今となっては闇のなかなのだろう。

一雨――清流古座川上流に、退職後の終の棲家を発見

翌日訪ねたのは一日わずか二〜三往復のバスしかない地域でもあり、クルマで紀伊半島を縦断して駆けつけてくれた奈良県在住の同好の士・Yさんに乗せてもらうことにした。

古座川河口に開けた古座。流域の材木の集散地として発展した

歴史ある古座の町の家並み

かつての若衆組の名残、古座川町高池の「互盟社」。大正の擬洋風建築

水も漏らさぬようなつもりで地図を探すと、熊野にはまだまだ不思議な地名がたくさん並んでいて、家が数軒しかない山奥に平仮名で記された「わんぐり」「わんだいら」「ごみ」などのバス停があるのを見つけると、なんだか無性に行きたくなってきた。

そんな珍しい地名群のなかに「一雨」というのがある。「いちぶり」と読むそうで、古座《こざ》の町（現・串本町）から古座川沿いに一〇キロほど遡ったところにある。越後のはずれ、芭蕉が遊女の隣部屋に泊まった同音の市振《いちぶり》とはずいぶん違った字面の雅《みやび》な印象があるので妙に惹かれた。海にすぐ山が迫った南紀では河口からすぐ山峡《やまかい》の道となるが、途中に大岩を素掘りした高瀬トンネルを抜ける。いかにも「隧道《ずいどう》」の趣で、昭和三四年竣工とわりに新しいが、見上げるような岩が川に迫ったここを、以前はどうやって抜けていたのだろう。

あとで調べたところ、この県道が開通するのには一苦労だったようだ。古座川町老人クラブ連合会の出した『移り変るふる里　古座川』によれば、県道改修が古座から始まったのは昭和二年で、幅四メートルの道ができたときには、なんと立派な道ができたと喜び合ったらしい。しかし難所続きにもかかわらず石ノミ、モッコ、ジョレンを使った人力による開削であったので工事は牛歩の如くで、現町域の最奥、役場のあ

古座川町高瀬の岩山を貫く高瀬トンネル。付近は清流と中国・桂林のような奇岩が続く

紀伊山地に分け入る国道371号の旧道

る高池から四二キロの松根に到達したのは一五年後だったという。

一雨は古座川の谷がさらに深くなった山中にある。雨が断続的に降り始めた。遠い台風が雨雲を気ままに動かしているらしいが、一雨過ぎてまた一雨という天気は、この地名を訪ねるのにふさわしい。

地元の方にうかがうと、意外にも東京や大阪、神戸、堺などから移り住んだ人の家が数軒もあるという。誰も申し合わせたわけではなさそうだが、とにかくこの地が気に入った人ばかりで、定年退職後の終の棲家に選んだのだろう。なかには全国各地を回って最高の場所を求め続け、四万十《しまんと》川の奥のほうまで探し回ったが気に入ったところがなく、ようやくこの一雨に決めた、という人もいるという。昨今では四万十川ばかりが清流ともてはやされるけれど、古座川のほうが数段上、とひそかに思っている人は実は多い。

地名の由来をご存じかも、と紹介された方を訪ねた。山を背にした立派なお屋敷から七〇代とお見受けするご主人が出てこられた。

「昔は石触と書いたと聞いています。古座川の流れが岩に当たり、跳ね返ってしぶきが上がる。その様子をイシブリとして、これにいつの間にか一雨の字が当てられたそうです」

そのとおり『紀伊続風土記』に「いちふりは石触の訛りにて、大川の水石にふるゝ処より起れるにて（中略）一雨は仮字なり雨はふる義に仮たるなり」という記載がある。

防己——山峡に忽然と開けた小天地

また雨足が強まってきた一雨《いちぶり》をあとにして、山を越えた西隣にあたるすさみ町の「防己」へ向かうことにした。これも地図を這い回って見つけたのだが、己を防ぐと書いて「つづら」と読むというのだから、非常に謎めいている。

一雨からの直線距離はたいしたことはないが、川沿いに道が通じていないので七川《しちかわ》

一雨から防己への長い山道の途中、急に開けた添野川の集落と棚田

明治以来の姿をとどめる旧大己小学校の木造校舎。すさみ町防己にて

貯水池のほうを北へ迂回する。途中までは国道371号なのだが、この道は幅員が部分的に二〜三メートルと極度に狭いところもあり、またガードレールなしの断崖絶壁のような部分もあって野趣満点である。山道に慣れたYさんの運転でよかった。

山峡をしばらく行くと少し平地が開け、下防己のバス停が見えてきた。このあたりは田植えも早いのか、もう稲穂が黄金に色づいている。雨が降ったりやんだりなので村を歩いている人はいないが、工事小屋にいた若い人に土井三二さんを紹介してもらった。防己の由来を尋ねると、あそこに載っていたはず、と『すさみ町誌』の二巻組みを奥からズシリと取り出してこられ、町内の地名を扱ったページを示された。

谷川の屈曲が多く「つづら折り」であったからではないか、という説が紹介されていた。しかし一般にそんな場合のツヅラは「九十九」とか「葛籠」「葛」などと書く例が多く、なぜ「防己」なのかには触れられていない。土井さんも落ち武者にまつわる話を聞いたことがあるが、ハッキリしないという。

「それでも、この村は少なくとも五〇〇年くらい前まではたどれます。ここには歓喜寺という今では無住の寺がありますが、昭和四〇年頃に、寺を創立した照月和尚禅師の四五〇回忌をやりましたから」

土井さん宅の少し上手には昭和四五年に廃校になった小学校の木造校舎が残ってい

る。旧大己《たいき》小学校で、その名は防己村と大谷《おおたに》村の合同で創立されたことによる。今は防己地区全体でもわずか一二戸二〇人で子どもはゼロだが、大正から昭和の初め頃には最大で七〇人ほどの児童が在籍していたという。

土井さんに大己小学校の『九〇年史』を見せていただいた。明治三六年（一九〇三）にはガラス窓のついた、当時としては最新式の建物が完成したのだが、それが今、目の前にある校舎だという。

昭和四年の卒業生が寄せた文には握り飯と新しい草履をかついでコカシ峠を越え、海沿いの江住《えすみ》まで遠足に行ったこと、年に一度の身体検査では医者が駕籠《かご》に乗って来た、などという思い出が綴られていた。しかし山里の小学校も時代と無関係ではいられず、戦争中はこの村からも若者や教員が次々に出征していく。

敗戦の一報が防己に伝わったのは昭和二〇年八月一六日のことだそうで、海べりの江住から峠を越えて帰ってきた人がもたらした大ニュースだった。騒然として流言が飛び交った村も翌日校長先生がポツダム宣言受諾と敗戦の事実を説明、ようやくみんな納得したようだ。昭和二四年には待望の電灯が点いた。しかし便利になったのもつかの間、やがて若者の都会流出が止まらない過疎の時代がやってくる。『九〇年史』は万感迫るような次の文章で締めくくられていた。

「明治一二年九月一日、郷土の先輩が文明開化の時世に遅れてはならないと資材を持ちより乏しい財布の底をはたいて造り上げた、われらの大己校はその後一世紀近い歳月を、ひたすら子弟の教育と地域社会の文化の向上に明るい光をともしつゞけて来ました。思えばこの永い間この谷間の人々は喜びも悲しみもこの小さくて偉大な母校と共に生きて来たのであります。（中略）谷間にともされた小さな灯は、人々の心のなかにいつまでもかがやき、その栄光の歴史は消えることはないと信じます」

歴代教員や卒業生の名簿を見ると、昭和に入る頃から大阪や和歌山へ出ていく人が目立ち始め、特に戦後になるとあらかた都市部へ働きに行ってしまっている。過疎というのはこういうことなのか、と実感させられた。

それにしてもどうしてツヅラが防己なのかと不思議に思いつつ、翌日和歌山市の県立図書館へ行って調べてみると、すさみ町在住の木下優さんが書かれた『すさみ風土記Ⅱ　周参見《すさみ》地誌紀行』という本に「地名考〝防己〟について」と題するページがあり、その冒頭に『大漢和辞典』（諸橋轍次著　大修館書店）の一項が引用されていた。「防己（ぼうき）①蔓草の名。つづらふじ（中略）②紀伊国の地名」

これには驚いた。ツヅラフジをこう書くのだ。静かな閲覧室で手を叩きたいような気分になった。防己は漢方薬に使われる蔓草だそうだが、木下さんは「古くから儒医学者の存在した当地域故に肯定され得るのである」としている。ただ漢方薬などでは一般に「防已《ぼうい》」の表記が多く、なぜ異なったかは今後の課題、という。

ツヅラの地名の漢字表記もかつては「津々良」や「津須羅」という文字が記録されているという。木下さんはまた寺の過去帳をあたり、防己の字が使われたのが寛文《かんぶん》一一年（一六七一）であることまで突き止めている。これほど綿密な調査をし、本にまとめる方の存在も、南紀の奥深さのひとつの証明かもしれない。

防己もそうだが、よくこれだけ山のなかに、と驚くようなところに何百年も前から人が住み着き、棚田を耕し続けている。深い谷を遡った末に忽然と開けた小天地に最初に分け入ったご先祖様はどんな思いでその地を見ただろうか。落ち武者かもしれないし、何かの理由で——ひょっとして「リタイア後の終の棲家探し」かもしれない。いずれにしても苦労の末に桃源郷のような場所を見つけて、きっと大いに喜んだのではないだろうか。

南紀の難読な地名、全国でそこにしかないような数々の地名には、そんな思いがたくさん詰まっていそうな気がしてならない。

領巾振山、馬渡島、晴気――秀吉の朝鮮出兵の本拠地へ［佐賀県］

佐賀県の東松浦半島は、古くから大陸への玄関口であった。秀吉が朝鮮出兵の根拠地とするはるか以前、兵を率いて新羅《しらぎ》へ赴く男を慕って佐用姫《さよひめ》が別れを惜しんだ山に登ってみると、大陸に向けて飛び石が点々と見える。姫の足跡に導かれてその先の島まで渡ってみた。

領巾振山
――万葉の悲恋物語、佐用姫が別れを惜しんだ山

東松浦半島の名は九州以外の人には馴染みが薄いかもしれないが、その北端には豊臣秀吉の朝鮮出兵の本拠地となった名護屋《なごや》城があり、東のつけ根には佐賀県第二の都市・唐津がある、といえば通じやすいだろうか。文字どおり「唐へ船出する津（港）」

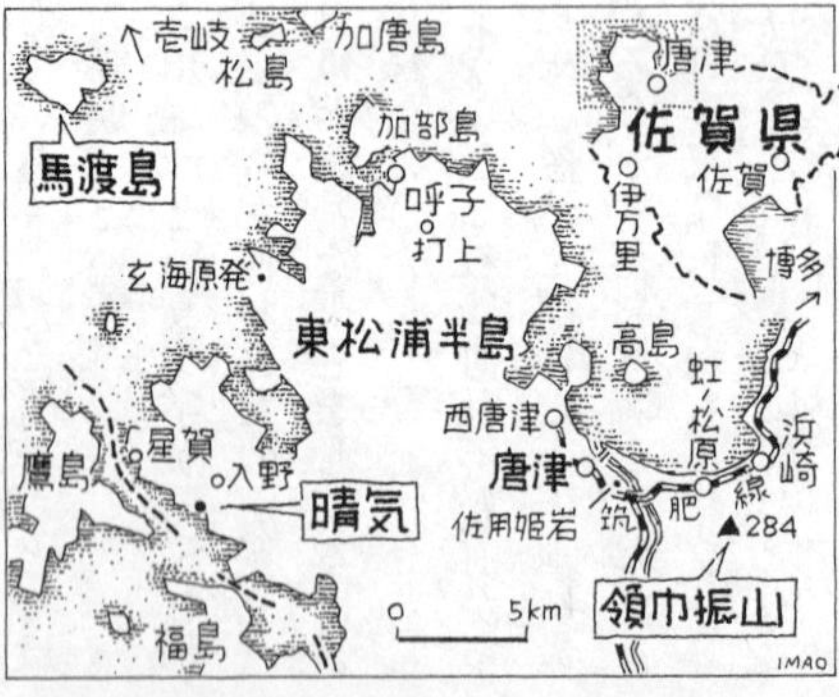

であった。

有田焼や唐津焼などの高度な技術も、もとは秀吉の大軍が連れ帰った朝鮮半島の人たちがもたらしたものだし、そのはるか以前から大陸との連絡は密で、一衣帯水の朝鮮半島は、ある意味で現代よりお互いが近かったといえる。「魏志倭人伝」でも邪馬台国へのルートとして対馬《つしま》、壱岐《いき》を経て最初に九州に上陸する地点がこの松浦（末盧国《まつろ》）である。

このように大陸への架け橋的な位置にあった半島には珍しい地名が多い。夕日、鏡、見借《みるかし》、打上《うちあげ》などいわくありそうな地名が並んでいてどこへ行こうか迷ったが、まずは夕日と打上に的を絞ることにした。しかし結果的には、この地ならではの伝説に導かれて別の方向へ針路変更してしまったのだが……。

筑肥《ちくひ》線の虹ノ松原駅に降り立った。もう唐津市内である。まずは鏡山の麓から夕日へたどる予定だ。駅の南には鏡山が聳えているが、麓から眺めるだけのつもりだった。しかし朝鮮鐘のある寺で一休みの際に手元の地形図を見ると、鏡山の別名である「領巾振山《ひれふりやま》」のカッコ書きが目に入った。その響きが妙に気になる。早くも予定変更して頂上まで登ることにした。


［交通］領巾振山▼ＪＲ筑肥線虹ノ松原駅下車南へ約5㎞／馬渡島▼ＪＲ筑肥線唐津駅より昭和バス呼子線約30分呼子下車、呼子港より馬渡島行き定期船45分／晴気▼唐津バスセンター（大手口）より昭和バス切木線40分入野下車南西へ約1.5㎞

西側からの登山道は見晴らしがいい。遮るものがないので、少し登るだけで唐津の市街はもちろん、その湾内に浮かぶ高島、はるか馬渡島《まだら》まで一望だった。変わった山名だけあって、やはりこんな伝説がある。

遠い昔、都から兵を率いて松浦へ来た大伴狭手彦《おおとものさでひこ》と当地の長者の娘、佐用姫《さよひめ》が恋仲になった。新羅への出兵を命じられた狭手彦は船出となり、姫は別れを惜しんで、鏡山の頂上から領巾《ひれ》を振って見送る。古代のネッカチーフである。

姫は船を追って呼子《よぶこ》の先の加部島《かべ》まで渡るのだが、悲しみのあまり石になってしまった。万葉集にも「行く船を振り留《とど》みかね如何ばかり恋しくありけむ松浦佐用比売《まつらさよひめ》」と詠われた有名な悲恋物語という。

馬渡島――天主堂のある隠れ切支丹の島に渡る

翌日は佐用姫が石になった加部島のすぐ手前の呼子の町へ行くことにした。呼子は深い入り江をもつ天然の良港で、近場の島々はもとより、壱岐への船も出る。有名な朝市が一段落した呼子港へ行ってみると、一日数便の馬渡島への船がもうすぐ出るという。「日本に初めて馬が渡ってきたから馬渡島」とする説があり、古い天主堂もあるというので、急に行く気になった。船で四五分ほどの距離である。

松浦河畔の佐用姫岩。領巾振山から飛び降りた姫の「足跡」が残る

近くに立つ案内板に領巾を振る
佐用姫の姿が

港からまずは天主堂を目指して歩き始めた。狭いメインストリートを歩いて高台の学校を過ぎた頃、すぐ脇に軽トラックが停まった。

「どこまで行くの？」

お言葉に甘えて乗せてもらった。さっそく軽トラの運転手氏に馬渡島の由来を聞いた。

「最初に馬が渡ってきたから、というのは疑問だね。もうひとつ別の説があって、忘れたけれど本州のどこかからこの島へ流された人が故郷の村の名前をつけた、という話。そこは〝馬が渡る〟と書いてマダラと読んだらしい」

翌日に唐津の図書館で調べてみたら、『鎮西《ちんぜい》町史』に「美濃国馬渡庄の本馬八郎義俊が白河上皇院政の頃に冤罪を受けて松浦郡に流された」と記されている。そしてこの島を「斑《まだら》島」から「馬渡島」に改めたという。文字はともかく、マダラ島と呼ばれ始めたのはずっと昔のようで、岩質により斑に見えたからという説もあり、こちらは信憑性が高そうだ。

高台の天主堂は外壁が白く塗られた木造のものだった。その手前は十字架の載った日本式墓石が並ぶ独特の雰囲気をもった墓地で、ヨハネ、ミカエルといった洗礼名が彫られていた。

朝市で知られる呼子の港はイカが名物。壱岐のほか馬渡島や加唐島への船が出る

名護屋城近くで出合った気になる異国風の地名

隠れキリシタンの子孫が建てた木造の天主堂

誰もいないようだったが、重い扉をガラリと開けてなかを拝見する。「賽銭」と彫られた神社的な木箱に献金箱と重ねて書かれていた。少しばかり献金し、祭壇に一礼してなかを見せてもらう。七〇年以上の歳月が刻まれたとは思えないほど手入れが行き届いているのは、暮らしのなかに宗教がしっかり根づいているからだろう。

島では丘の上がカトリックの新村であるが、この島へ信者が入ったのは寛政年間（一七八九～一八〇一）と意外に遅い。厳しい弾圧を逃れて長崎の黒崎村から密かにここへ渡ってきた人たちが住み着いたのだそうだ。

島には仏教徒の集落もあるため、祈りや祭りを行うときには必ず番人を立てたという。踏み絵も踏まされたが、全員がこれを踏み、後で神に謝罪の祈りを捧げた。藩当局も馬渡島の切支丹《キリシタン》には気づいていたらしいが、藩営牧場の馬の飼育を彼らが担当していたため、支障がないよう見て見ぬフリだった、と町史に書かれていた。

いずれにせよ、この島は遣隋使や遣唐使が大陸へ渡る際のルートにあたり、一行の風待ちや潮待ちの島として重宝されていた。そうすると佐用姫の恋人・狭手彦《さでひこ》もこの島へ上陸した可能性は十分ある。今回の取材は佐用姫に導かれているのだろうか。墓地には供えられたばかりの花が色鮮やかだ。誰も通らず、風の音ばかり。

呼子へ戻って改めて地形図を眺めていると、別の場所に「馬渡」という小地名を発見した。行ってみよう。呼子から西岸を南下した肥前《ひぜん》町の納所《のうさ》に所属する小字《こあざ》らしい。途中、風呂尾呂《ふろおろ》とか古保志気《こぼしき》などという、いかにも朝鮮語の影響がありそうな地名に感動しながら島影と棚田のなかを続く国道を走った。脇道に入ってしばらくすると馬渡の地へ入る。ここの牧場の畜舎で働く奥様に「ここはマダラですね」と訪ねると怪訝な顔をされた。馬が渡ると書いて……。

「ああ、これはモウタシと読みます。馬渡島とは関係ありませんよ」

近接する二つの「馬渡」の読み方がまったく異なるのは、やはり馬渡島のほうが移入地名であることの証拠かもしれない。

晴気――多島海に面した棚田の村は、倭寇の根拠地

このあたりは丘陵とリアス式海岸で、少し高みに上ればすばらしい景色がふんだんに見られるのだが、少し南に晴気《はれぎ》という地名を見つけた。

肥前《ひぜん》町の役場近くから小型車がやっと通れる旧道に分け入って間もなく、海をバックに、思わず感嘆の声が出そうになる見事な棚田が目の前に広がった。小さな谷間を縁取る等高線の畔道が、長年ここで稲が大事に育てられてきたことを物語っている。直線のない立体的な田んぼは絵の世界だ。しかも昨今には珍しく休耕田が見当たらない。水を張った田植えどきにはさぞ絶景であろうな、と脱輪しないように少しずつ進んでいくと、「晴気の棚田はここからがいちばん」という手書きの立て看板があった。同感である。

漁港に下りると、すぐ脇の小さな公園で小学生たちが遊んでいた。「あっ、カメラマンだ！　撮って」と人なつこい。子どもたちは毎朝あの棚田と島々の遠景を望む坂道を通って登校するのだという。

裏通りではおばさま方が数人、縁側に座って話し込んでいた。

「昔はこのあたり、海賊がいたらしいですよ。ほら、冷や水の出るところ。昔よく水の足りないときに汲みに行った、あそこ。あのへんが海賊の船着き場だったらしいよ」

ご先祖様の名誉のためにつけ加えておくと、海賊というのは必ずしも悪者ではない。鎌倉時代には自衛のため武装した商人が、自らを「海賊」と称した。しかしやがて武力を背景に強引な取引を行う輩が出現、そのうち朝鮮半島や中国沿岸に出没する略奪専門の連中が悪名を轟かせるようになった。あちら側の用語では、忌み恐れられた「倭寇《わこう》」である。

『肥前町史』には海岸線の入り組んだ松浦郡各地の浦々は倭寇の根拠地として利用さ

見事な棚田ごしに晴気の集落と松浦の海を見渡す

午後のひとときを楽しむ晴気のおばさま方。「昔このへんでは石炭も掘っていました」

れたとして、晴気を含むいくつもの肥前町内の港の名が挙げられていた。だから、このあたりの旧家には今も朝鮮や明の磁器など隠れた珍品を蔵するところが多いという。

晴気のみなさんと話し込んでいるうち、晴れているとはいえ秋の日は傾いてきた。唐津へ帰る途中、海辺で見事な夕焼けになった。まさに「晴気」にふさわしい。中天高く、もう三日月が上がっている。夜の帳につつまれてゆく海と点々とした島々の風景。急に冷え込んできた。

晴気の地名は江戸期の史料に晴木、針木などとも書かれているそうで、やはり音が先なのだ。ハリ・ハルは開墾に関する地名の可能性もあるし、「ハンの木」に由来するかもしれない。昔の地名は結局は謎が多くてわからないことも多いが、それがまた歴史的地名の魅力なのだろう。

暮れゆく多島海を見ながら、晴気の子どもたちのなかに佐用姫《さよひめ》の末裔がいたりして、などとふと考えた。ほんとうは石になどならず、たくましく海民の妻となり……。

西広門田、休息、藤井扇状地入口――ブドウとワインの里を歩く［山梨県］

ブドウやモモの名産地である甲府盆地東部。重畳たる山並みを背景にして、笛吹川《ふえふきがわ》・重川《おもかわ》・日川《ひかわ》などが作った扇状地に果樹園が連なる風景のなか、西広門田《かわだ》という超難読地名がある。その近くには休息《きゅうそく》。ワインの試飲を楽しみながら、地名にひそむ物語を探ってみた。

西広門田――度肝を抜かれる超難読地名

ずっと山のなかを走ってきた下り列車が、勝沼ぶどう郷駅の手前でトンネルを抜けると、左の車窓は大きく開ける。きれいに晴れた日には甲府盆地が一望の下、思わず声を上げたくなるほどの眺めである。盆地の縁には谷間から運ばれた土砂によって長年月をかけて作られた扇状地がいくつも重なり合い、見

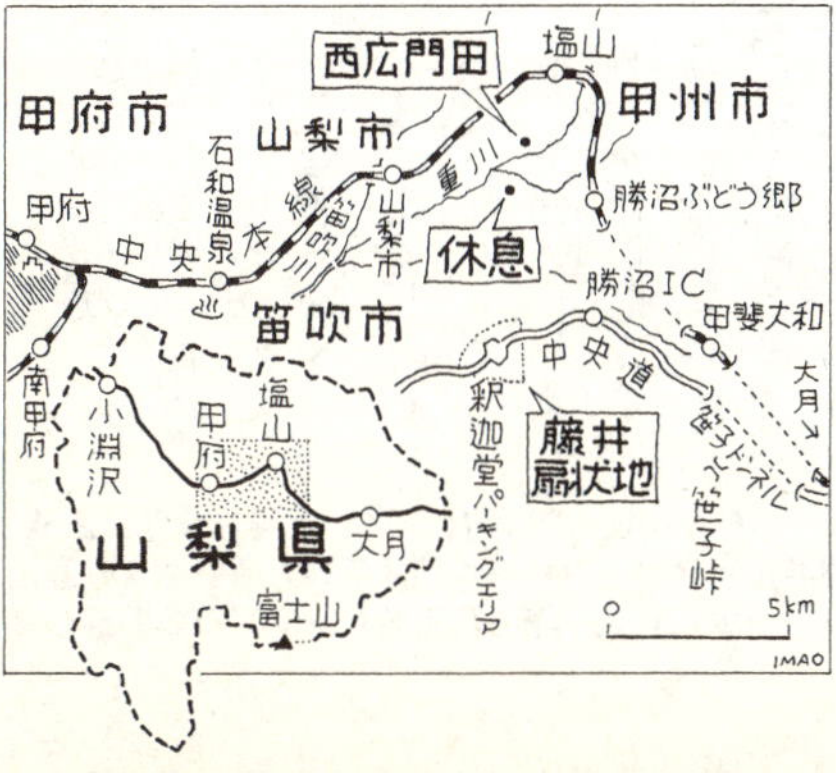

事な緑のスロープになっている。

今回は甲府盆地の東縁部に点在する「気になる地名」を訪ね歩くのだが、まずは塩山《えんざん》駅から南へ向かうことにした。駅の南二キロほどにある「西広門田」という地名が最初の目的地である。どこが珍地名なのかと思われるかもしれないが、読み方が「カワダ」であることを知れば、その超難読レベルに度肝を抜かれるはずだ。最後のダはいいとして、その上はまったく見当もつかない。

重川の岸辺には集落の合間にブドウ畑が続いており、収穫を間近に控えた赤紫の大粒がみずみずしい。その名のとおり紀州の熊野神社を勧請した熊野の集落を抜けると、いよいよ西広門田である。国道の交差点信号に「西広門田」のプレートを見つけた。漢字の下にローマ字表記でKawadaと添えられてあったが、両者は見事なほどに隔絶している。

重川の橋の手前で西に折れると西広門田の集落だが、誰も出歩いておらず、お寺を訪ねてみることにした。日蓮宗の法伝寺《ほうでんじ》という。門前の掲示板に「広《か》門《わ》田《だ》山《さん》」という山号《さんごう》が記されており、なるほどと思った。「西」をつければ地名と一致する。

［交通］ 西広門田▼ＪＲ中央本線塩山駅より国道411号を南南西に2.5㎞／休息▼同3.5㎞／藤井扇状地▼ＪＲ中央本線勝沼ぶどう郷駅より勝沼地域循環バス（1日2～3本）11分「祝8区西組」下車（※藤井扇状地入口を改称）

超難読の山号をもつ、広門田山法伝寺

西広門田交差点。これでKawadaとは……

住職の平野玄一《げんいっ》さんは第四二世とのことで、この超難読地名の由来については過去に何度か尋ねに来た人がいたという。先客があったとは少し悔しいが、これほどの地名を誰も見向きもしないはずはない。

「山号は広門田山といって西がついていませんが、これでカワダサンと読みます。もともとカワダという地名だったらしく、その証拠に重川の対岸、勝沼町（現・甲州市）の〝山《やま》〟という地区の小字《こあざ》に〝川田前〟という地名が残っています。

その地名のあるところにこの寺ができました。文明一一年（一四七九）というから室町時代ですね。梵語でカワダが〝広門田〟を指す、ということも聞いたことがありますが、それが山号として用いられるようになったようです」

漢字表記される機会の少なかったカワダという自然発生的な地名の読みと寺の山号が合体したのではないか、というわけだ。それにしても、今は登記簿くらいでしかお目にかからないようになってしまった小字の地名が、なんと雄弁に歴史を語っていることだろう。

それでは西は何だ？　ということになる。中世にはただの広門田だったそうだ。それがいつの頃からか「熊野のほうから西方を見るとカワダという土地がある」として西の字がついてしまったらしい、という。とにかく古いことなのでハッキリしたことは不明というが、そんなふうにして超難読地名は誕生した。
「昔はこのあたりは田んぼと桑畑。でも戦後は養蚕がダメになったので、田んぼも含めて、反あたりの収入のいいブドウやモモに転換していきました。昭和二三〜二四年頃からですね」

住職の話を疑うわけではないけれど、新旧の地形図で検証してみた。なるほど戦前の地形図では桑畑と田んぼが半々であったのが、現在では耕地のすべてが見事に果樹園マークに変わっている。誰もが一度はやった地理の授業そのものの実地検証になってしまったが、やはり現地を見ると納得度が違う。

奥様には「こんなに暑いのにご苦労様」とブドウをいただいてしまった。汗を拭きこのお寺にたどり着いたので、ほんとうにありがたかった。リュックに詰め込むわけにもいかないので、重川の堤のベンチでひとり静かにブドウでおやつにした。向こうの斜面はずっと上のほうまでブドウ畑が続いていて、空には白い夏の雲が浮かんでいる。贅沢な時間である。地名の探索も、あんまり駆け回らないでじっくりやったほうがいい。

休息——日蓮上人が休んだところ

重川の橋を渡ると勝沼町の「山《やま》」である。昔は山村《やまむら》といった。すぐに左手がマンズワインの工場で、見学コース目当ての観光バスが何台か停まっていた。関西弁のおばちゃんたちが三々五々記念撮影するのを横目に、国道411号を南下していく。鬢櫛《びんぐし》川といういわくありげな川を渡ると休息《きゅうそく》という地名である。

小さな集落のわりには大きな寺があって、立正寺《りっしょうじ》という。その名のとおりやはり日蓮宗の寺で、山号は「休息山」。境内の鬱蒼とした木立のなかを歩いていくと群生した彼岸花の向こうに山門＝仁王門があった。巨大ではないが威厳のあるたたずまいである。

解説板によれば、この寺の創建は飛鳥時代に遡るとのことで、長いこと真言宗の金剛山胎蔵寺であった。しかし鎌倉時代の文永年間に日蓮がここを訪れて「立正安国論」を説いたところ住職が心服、改宗して日蓮宗の休息山立正寺となったという。

今の静かな村落からは想像しにくいが「東身延《みのぶ》」などと称されるほど門前は賑わい、いくつも塔頭《たっちゅう》が建ち並ぶ宗教都市の風貌をもつに至ったという。その後天正《てんしょう》年間の武田家滅亡の際の戦乱で伽藍のほとんどを焼失したが、江戸時代には再び田安家の庇護を受けて寺勢を盛り返した。

かつて12もの塔頭を擁した古刹・
立正寺の仁王門（勝沼町休息）

このあたりでは、まん丸い道祖神
と立派な台座がよく目についた

日蓮上人がここで休んだという伝承のある地名

塔頭群は仁王門から南へ延びる道の左右に今でも一部が残っているが、なかには夏草に埋もれて廃屋同然のものもある。かつては一二もの坊があったというから、小型の都大路のようだっただろうか。なかには「墓地分譲中」の原色の幟《のぼり》を立てた坊もあり、いきなり現世に引き戻されることもあったが、辻々に「南無妙法蓮華経」を刻んだ古い石が建てられているのは、やはり日蓮宗の歴史ある門前町である。

ほとんど人通りのない夕方の休息の村を出ると斜面に続くブドウ畑だが、そこで収穫作業をしているご主人にお話をうかがった。

「休息というのは、日蓮さんがここで休まれたからといわれています。日蓮さんが座ったという高座石というのが近くにありまして、戦前、私たちが子どもの頃は、それを見に遠くから大勢来たもんですよ」

休息は『角川日本地名大辞典』によれば、昔は北原だったのを、やはり日蓮立ち寄り以降に休息と改められた、という記述が引用されていた。

このあたりがブドウ専門になったのはやはり戦後のことで、昔は田んぼや桑畑が続いていたそうだ。赤紫色をしたブドウを専用のハサミで枝から切り取り、次々とプラスチックの箱に入れるのだが、作業の邪魔にならぬよう退散することにした。しかし物欲しそうな表情だったためか、立派なブドウを一房いただいてしまった。売り物なのに、申し訳ない。

休息を出ると、もうお彼岸間近の日は傾き、西陽を受けたブドウの葉はいっせいに黄金色に輝いて見えた。今日はこれまでとして、勝沼ぶどう郷の駅まで歩くことにしよう。残念ながら奇数日の平日だから、門前のバス停に町営バス（現・甲州市営勝沼地域循環バス）は来ないので。

藤井扇状地入口、釈迦堂――葡萄街道を飲み歩き？

翌朝、勝沼ぶどう郷駅にまた降り立った。昨日の「夕陽の甲府盆地一望」とはまた違う朝日の風景である。見渡す限り続いているブドウの葉の色も輝いて見える。今日はブドウ畑コースを歩こう。

改札の脇に「駅からハイキング」というJRのチラシが置いてあるのを見つけ、試しにこのコースをしばらく歩いてみることにした。駅のすぐ近くでブドウ畑のなかへ入ると、ずっと見晴らしのいい細道を行く、爽やかな道であった。

コースはしばらく西斜面をトラバースすると谷の入り口にあたる古刹《こさつ》・大善寺《だいぜんじ》に至るが、そこからは日川《ひかわ》を渡って左岸に出た。森のなかを行く古い道を抜けるとしばらくして上《かみ》岩崎の集落に入る。このあたりからは、市川大門方面へと続く山麓の県道沿いにびっしりとブドウ園が並んでいて、「葡萄街道」の様相を呈している。どの家も「ぶどう狩り」「巨峰」の幟がはためいており、季節もちょうどいいから平日ながら観光バスがよく通る。

この上岩崎付近は昔からブドウの栽培が行われてきたところで、栽培地が限られていた明治末期の地形図にも、すでにブドウ畑の果樹園記号がたくさん見られる。かつて祝《いわい》村と呼ばれた上岩崎・下岩崎・藤井（現・勝沼町域）あたりにはワイナリーも多い。

藤井に入ると間もなく「藤井扇状地入口（現・祝8区西組）」という町営バスの停留所があった。「扇状地」という地理学用語がそのまま使われたバス停は、相当珍しいのではないだろうか。それだけ有名なのがこの扇状地で、高校の地理の教科書や参考書、地図帳などには必ずといっていいほど登場する。今でこそ中央道が中腹を通って少々乱されたけれど、等高線がきれいに扇形を見せるこの地は、教材としてうってつけなのだろう。

扇状地バス停の近くに、オレンジ色の建物が青空に映える「まるき葡萄酒」のワイナリーと店が目に飛び込んできた。試飲もできる。赤白何種類もの冷えたワインを飲んで、その場で買うことができる。いろいろ試したが、私の無知からくる国産への偏

扇状地の緩い傾斜面が、甲府盆地へと下っていく

扇状地では貴重な水をいくつにも分ける。「水分《みずわけ》」の地名どおり

「葡萄街道」を行く勝沼町営バスの停留所

見が払拭された気がした。町内には試飲のできるワイナリーがたくさんあり、考えてみれば、昼間から「飲み歩き」ができる地域なんて、勝沼のほかにあるだろうか。もちろんクルマで来る客はそんなわけにはいかないが……。

「まるき葡萄酒」の店内には「明治十年起業」という古い木札が掛かっていたが、まさにその年に日本初のワイナリー、その名も大日本山梨葡萄酒会社が設立された。そして二人の若者がフランスへ派遣され、二年間ブドウの栽培とワイン造りを学んで帰国、日本のワインの歴史が始まったのである。そのうちのひとりが設立したのが「まるき」の前身という。今年（平成一四年現在）でまる一二五年。社長の雨宮義人さんにお話をうかがった。扇状地の端に湧水が多いことから「土地の水がワインに合っているのでしょうか」などという馬鹿な質問をしてしまった。

日本酒と違ってワインには水は一滴も加えられていない。まさに赤面ものだが、扇状地の土壌がブドウの栽培に適しているのは確かだ。谷間を運ばれてきた土砂が積もった砂礫の多い土壌で、水ハケがよく、ブドウにはいいのである。この藤井扇状地でもだいぶ前からブドウが作られていたという。

「日川の谷から吹きつけてくる笹子颪《ささごおろし》が収穫前に当たって、いいブドウができるんです。このあたりのブドウの実は皮が厚くて、ワインの味に深みを与える酸味が適度にあります。それから局地的にみて秋の収穫期に雨が特に少ないこと。これがワインに適したブドウを作ります」

「オソヅミ」の白を一本自宅用の土産に買って、まるき葡萄酒を後にした。いよいよ地理界の「有名人」たる藤井扇状地を登ってみよう。もしかしてこの地域は「日本でもっとも数多く複製された地形図の一部分」かもしれない。扇のほぼ端にある藤井集落からは、扇のカナメの水分《みずわけ》という地名に向かって幾筋もの細道がある。

地形図ではほぼ全域が果樹園記号で占められていて、麓の県道からカナメの水分までの高度差は約一六〇メートル、勾配は平均約一〇パーセントである。遠目には緩やかな斜面に見えるが、暑いなかで直登するのは意外に疲れる。扇状地内の細道は舗装してあるものの、農家の軽トラックぐらいしか通らないらしく、人家も少ないので誰とも会わなかった。

ひたすらブドウ畑の続く扇状地だが、途中からときどきキウイも交じるようになってきた。扇のカナメの水分には家が何軒かあり、地元の人によれば、最近になって都会から移住してきた人もいるらしい。またこの「水分」という地名は、扇状地を形成した京戸川《きょうど》の水を、麓の村々に分水したことにちなむそうだ。

「熊出没注意」の黄色い看板から奥は森なので、扇状地はここでおしまいである。帰りは扇状地の西寄りの道を下っていった。こちらは一宮町（現・笛吹市）の領域で、石配水場という大きなタンクのある施設を通った。今も地名のとおりに「水分け」の仕事が行われている現場である。タンクには大きくモモの絵が描かれていて度肝を抜かれたが、ここ一宮町は全国シェアの三分の一を占める、山梨県のなかでもトップのモモの産地だ。町のシンボルマークなのである。

扇状地内は勝沼と一宮の両町境が複雑に絡み合っており、その境界に位置するのが、珍しいパーキングエリア直結の博物館の「釈迦堂遺跡博物館」である。中央道建設の掘削工事で縄文土器が多量に出土したそうで、館内に多数並んでいる迫力ある縄文土器は一見の価値がある。釈迦堂は一宮町の大字《おおあざ》千米寺《せんべいじ》と勝沼町の大字藤井の双方にまたがる小字の名前なのだが、遺跡のおかげで（？）パーキングエリア名となり、全国区になった。

帰り道、高速の掘端に唐突に建つ「交響楽舎」というロッジ風の店を見つけて入ってみた。二階ベランダから見える扇状地と背後の山々の眺めは見事だ。もともと東京に住んでいたオーナー夫妻も、その眺望ゆえにここに家を構えたのだそうだ。お店は喫茶店でもあり絵や陶芸品を展示するギャラリーでもあり、蔓《つる》細工の造形工房だったりするので一言でくくれない。いろいろな人が来て、面白いことをする空間といえば当たっているだろうか。

先日作られたという、水の入ったコポコポいう空き缶製のカリンバ（アフリカの民族楽器）を振らせてもらいながら、居心地良く地図や地名のことなど話しているうちに長居をしてしまった。

扇状地の土地利用・効用はいろいろである。ブドウを作り、ワインにする。水を分ける。宗論もした。今は「眺望を求めて移住」という項目が追加できるかもしれない。さて日も傾きそうだし、扇状地下りの続きをすることにしよう。また昨日のようにブドウ畑ごしに南アルプスに沈む夕日が拝めるだろうか。

第三章　古代・中世を「冷凍保存」!?　歴史地名を歩く

雨降野、酢、国友、相撲、口分田――近江の古式地名を歩く［滋賀県］

近江《おうみ》とは「近《ちか》つ淡海《あわうみ》」すなわち都に近い淡水湖――琵琶湖の国であり、その東に広がる豊饒な平野には古くから人が住んだ。地図を少し眺めていれば、口分田《くもで》・相撲《すまい》など古代から千年単位で変わらなかったであろう地名が簡単に見つかる地域である。

雨降野――仏法衰退して日照りが続き……

雨降野《あめふりの》というきれいな地名がある。彦根から一〇キロほど南へ行った湖東《ことう》の山裾だ。米原から出ている近江鉄道に乗り、高宮《たかみや》駅で降りる。雨降野の最寄り駅は豊郷《とよさと》だが、すぐ近くを旧中山道が通っているので、しばらく歩いていくことにした。美しい地名へ行くのに、直行したらもったいない。

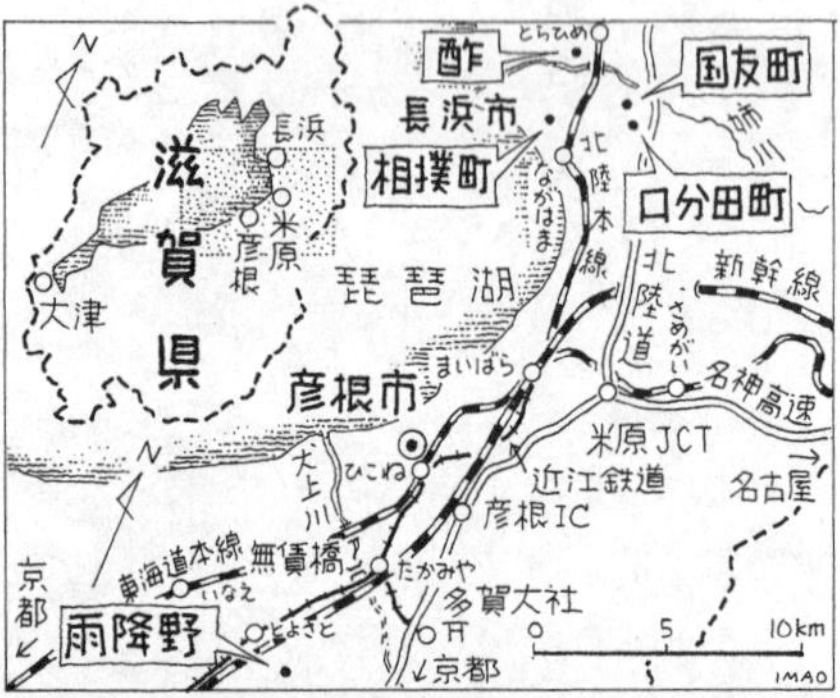

高宮は中山道六十九次の六四番目の宿場で、街道筋では本庄（埼玉県）に次ぐ規模を誇っていた。今も堂々たる瓦屋根が軒を接していて風格がある。多賀大社の大きな「一の鳥居」を左に見て宿場の南西端に至ると犬上《いぬかみ》川だ。昭和七年竣工の古いコンクリート橋が架かっているが、無賃橋という名前には驚いた。天保（一八三〇～四四）の初めに彦根藩が高宮の富商たちに架橋を要請、彼らが広く寄付を募って橋を架けた。有料がふつうだった当時にあって無料開放したためその名がついたという。

松並木などもあって、旧街道の雰囲気が保たれた旧中山道を歩くうち、彦根市から豊郷町に入った。四十九院《しじゅうくいん》とか八目《はちめ》など印象的な地名を過ぎる。豊郷駅から南東に向きを変えて新幹線をくぐると、水を張った田が明るく広がり、若葉色の小さな森と集落がその間に点在する穏やかな風景だ。燕が急降下してあっという間に飛び去っていった。

地名に似合わず晴れわたったなか、雨降野に入る。静かな集落かと思えば、選挙カーのスピーカーの音が聞こえてきた。豊郷町長選である。ヴォーリズ(注1)が設計した豊郷小学校の校舎の建て替え問題は全国に報道されたが、町長がリコールされて選挙となった。

［交通］雨降野▼近江鉄道豊郷駅より東へ約2㎞／酢▼ＪＲ北陸本線虎姫駅より南西へ約1.5㎞／国友▼ＪＲ北陸本線長浜駅より湖国バス養護学校行き10分国友鉄砲の里資料館前下車／相撲▼長浜駅より湖国バス（びわ循環線他）11分相撲口下車／口分田▼長浜駅より湖国バス（伊吹登山口線他）9分川崎下車北へ約0.6㎞

先ほど旧中山道に面した豊郷小学校の校舎の前を通ってきたが、昭和一二年に完成したこの校舎は、卒業生で伊藤忠商店（現・丸紅）専務をつとめた古川鉄治郎氏が私財の六〇万円を寄付して建てた。現在なら十億円を超えるというから、まさに破格である。小さな町にできた白亜の殿堂は「東洋一の小学校」と称賛された。成功した近江商人による、次世代への惜しみない投資であった。

雨降野の集落を歩いた。二人で遊んでいた小学生が「こんにちは」と挨拶してくれる。畑仕事をしていた夫婦と息子さんの一家三人に雨降野の由来についてうかがうと、「知らないけど区長さんなら」ということで家を教えてもらった。しかし残念ながらお留守。

天明《てんめい》神社というお宮に入ってみると、古い石碑があった。昭和三六年に建てられたもので、この雨降野の地名の由来について大略こんなことが書かれていた。面倒でもやはり石碑は読んでみるものだ。

「この雨降野地区は『淡海雑話秘書伝説』によれば、推古天皇の御代《みよ》のこと、あるとき七日間にわたって地中から煙を噴出し、四つの石が地中から現れた。その石は不浄石、実名石、新毒石、光明石の四つで、これは仏法繁盛の印であるとして崇め、この地は岩四野と呼ばれるようになった」

不思議な石の伝説にちなむという雨降野は、湖東平野の田んぼのなか

近江商人が寄付を募って架けた高宮の無賃橋

豊郷町の地名表示板には「江州音頭」の絵が

湖東の平野は遠景がいい。東を向けば鈴鹿山脈の続きの山々が決して峻険すぎずに間近にあるし、西は琵琶湖の向こうの比良《ひら》山地が「ふとん着て寝たる姿」で春の薄墨の彼方に横たわっている。

続きはこうだ。

「ところがその後仏法が衰退し、石を砕いて地中に埋めてしまったところ、地はことごとく乾き、田畑は大旱魃の憂き目に遭うようになった。そこで百済寺《ひゃくさいじ》（愛《あい》東《とう》町）から僧都《そうず》を招いて雨乞いをしてもらったところ霊験あり、以来ここを雨降野と改めた」

（注1）ウィリアム・メレル・ヴォーリズ　米国人宣教師。一九〇五年に来日、一九〇八年、京都に建築事務所を開設し、数々の名建築を残した。

酢、国友、相撲、口分田——古代・中世があちこちに顔を出して

長浜市の北隣に接する虎姫《**とらひめ》町に「酢《す》」という地名がある。北陸本線の虎姫駅を降りて旧街道の趣の町並みを線路に沿って南下する。少し広い県道を右折してガードをくぐると酢の集落だ。「酢」と一文字だけのバス停の丸看板が妙に涼しい。

＊平成17年（2005）に合併して現在は東近江市。

＊＊平成22年（2010）に長浜市に編入された。

用水路が集落の風景にアクセントをつけていて、桃の花などが影を落としている。苔むした石垣も歴史を感じさせる。鎌を手にした、これから野良仕事というおじさんに聞いてみた。

「ここはずっと酢というけれど。そう、昔は酢村。由来ねえ。よっぽどの年寄りでないと知らんやろうな。古くからの地名であることは確かなんやけど。このへんは田とか酢とか五とか、一文字だけの地名が多い」

酢にも酒屋さんがあった。お店の奥様は虎御前《とらごぜん》山にまつわる伝説をご存じだった。ちなみに、この山名が「虎姫」という地名の由来である。

「しっかり覚えていないんですが、昔むかし虎御前という美しい娘が住んでいて、長者と結婚したのだけれど、やがて生まれてきたのは一五匹の蛇だったという話。しかしその蛇が人間に成長したので長者が土地を与えて、それがこのあたりの一五の村になった、ということです」

酢村もそのひとつだそうだが、なぜ「酢」なのかはわからないらしい。帰宅後に地名辞典で調べてみると、昔は「須村」とも書いたという。日本の地名はとにかく当て字が多い。「須賀」なら砂地に多い地名だが、姉川に接するこの集落のことだから、あり得る話かもしれない。

最後に「商品の酢を持って写真に納まってください」と頼んだら、笑って断られてしまった。どうにもマヌケなお願いをしたものだと恥じ入りつつ、虎姫町役場（現・長浜市役所虎姫支所）のある五村《ごむら》を経て国友《くにとも》へ向かった。

国友といえば、知る人ぞ知る「村」である。今は周囲の農村とあまり変わらぬ静かなたたずまいだが、戦国時代には鉄砲鍛冶が多数集まった「産業都市」だった。天文《てんぶん》一二年（一五四三）、種子島に鉄砲が伝来したが、その翌年にはこの新兵器が早くも国友に入ってきたという。それ以前から腕のいい刀鍛冶が揃っていた国友では、その最新兵器を分解、自ら製造法を開発した。

国友の鉄砲は特に品質がよく、織田信長からの五〇〇挺をはじめ、戦国大名から注文が相次いだ。徳川時代になると、この優れた武器産業の技術者たちが各地に分散したらたいへん、と幕府は統制を強め、鉄砲や弾薬の製造法の秘密厳守を申し渡した。「兵器の拡散防止」は今に始まったことではないのだ。そのあたりの知識は、集落の中央にある「国友鉄砲の里資料館」で勉強できる。

国友町から口分田《くもで》町を通り、山階《やましな》町からそのままバイパスをひたすら西へ進んで北陸本線の踏切を越えて次に目指したのが「相撲町」。スモウではなく「すまいちょう」と読む。こちらは旧国道8号にほど近い、やはり田んぼのなかの静かな村だ。

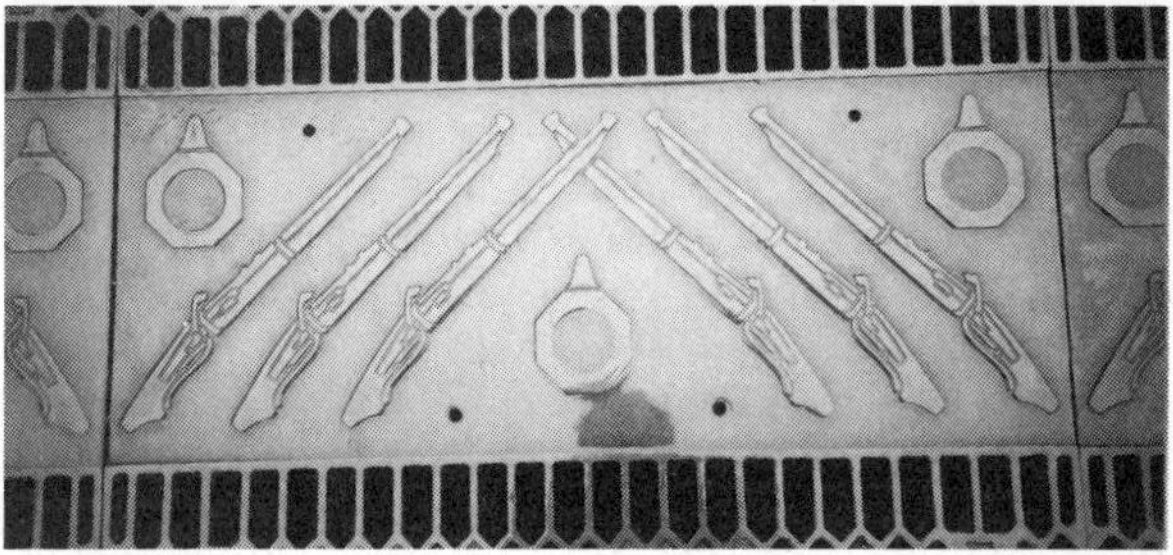

さすが鉄砲の村。国友では側溝のフタもこの通り

口分田で「くもで」と読む。律令制時代からの用語が地名に！

鉄砲製造の地らしく、左に「銃砲火薬」店あり

シンプルだが強い説得力のある地名「酢」。（現在は長浜市）

集落のなかを流れる用水に沿って緩くカーブした道を歩き回っていると、こちらも市議選のまっさかりで、投票日を四日後に控えた選挙カーが「あと一息です！」と訴え回っている。「必勝」と墨書された日の丸ハチマキを締めたおやじさんにバッタリ遭遇した。地名の由来を聞こうとしたら、「もう今は選挙でたいへんなんで、そういう話はちょっと……」と立ち去ってしまった。

時期が悪かったようだ。落ち着いたたたずまいの相撲神社を過ぎて相撲町会館にたどり着くと、ハチマキ衆が大勢出入りしている。支持者たちの集会か何からしい。「必ずハチマキ着用のこと」などの注意事項がモノモノしかった。

会館をあとにして新興住宅地のほうへ向かうと、若い奥様方が幼児を遊ばせつつ立ち話している。相撲の地名について聞いてみたら、石のモニュメントがある、と教えてくれた。そこには果たして地名の由来が刻まれた金属板があった。

「相撲の名は、この地がむかし朝廷で行われた相撲の儀式の費用をまかなう田地であったことに由来しています」

相撲はよく神前に奉納されることからわかるように、神事の側面がある。「すまい」という読み方は古語で、古語辞典を引けば、もとは「争《すま》ふ」という動詞から来た言葉だとわかる。先ほど通過してきた口分田も「くもで」という読みがついているが

（戦前の地形図ではクモーデと伸ばしている）、こちらも古代の読みなのかもしれない。使用頻度の高い話し言葉が世の荒波のなかで磨耗変形していくのに対して、地名は手垢がつくほどヨソで使われないため、古形が残るのだろうか。

古代と現代の生活様式はほんとうに隔たってしまったが、姿形のない地名というものは、平気で千年の時空を超越している。近江の歴史ある地名を歩いていて、そんなことを感じた。

蛇喰、雨潜、瓜裂清水――砺波平野・散居村の気になる地名［富山県］

チューリップと散居村《さんきょそん》、といえば砺波《となみ》平野である。数百年も前からこの地の人々はお互い離れ離れに家を建て、カイニョという屋敷林を南側にめぐらして水田のなかに点々と暮らしてきた。緑の田の海に屋敷林の島が浮かぶ風景のなか、いくつかの不思議な地名を訪ねた。

蛇喰――知恵者のおばあちゃんにしてやられた大蛇

散居村の屋敷林・カイニョは「垣繞」（繞＝めぐらす）が転訛したらしいが、各農家は背の高い杉の木の間に柿の木やカエデなど中小の木々を加えて小さな森を作り、これで大きな母屋を守っている。それぞれ独立した堂々たる切り妻屋根をもった屋敷が広い水田のなかに無数に点在するさまは、まさに特

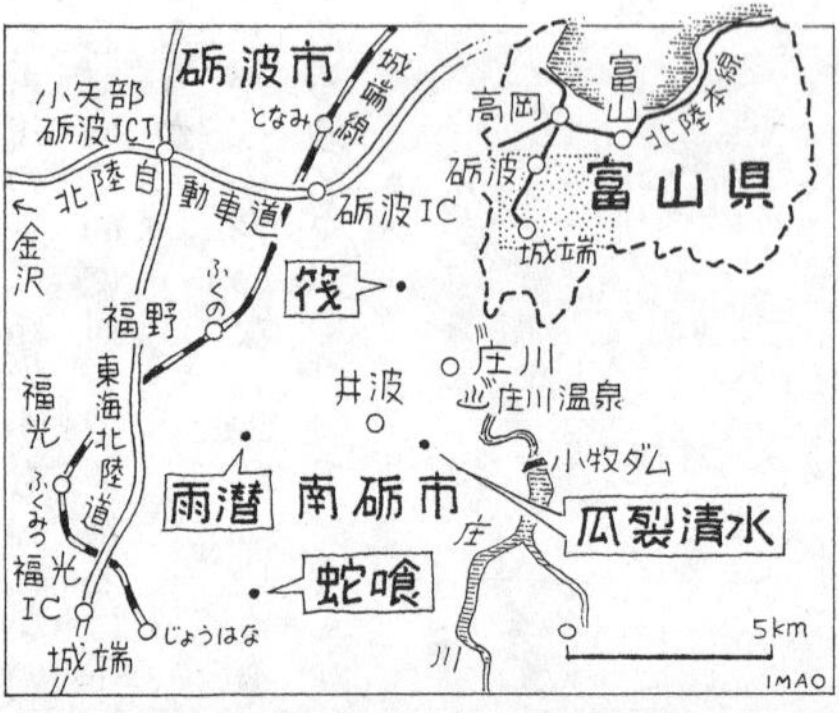

筆に値する独特な景観だ。

前置きはそのくらいにして、城端《じょうはな》線に乗って行こう。このローカル線は高岡から砺波平野のまんなかを南下、戸出《といで》、砺波、福野、福光《ふくみつ》などの古くからの町々を経て城端に至る二九・九キロの路線で、明治三一年（一八九八）というかなり早い時期に開業している。それだけ砺波地方が進んでいた、ということだろうか。

列車の窓から散居村を眺めつつ考える。なぜ散らばっているのだろう。事前に仕入れた知識によれば、一向一揆の強さを恐れた加賀藩が農民の団結を防ぐため散居させたという説、耕地を家の近くに配置したら必然的にこうなったという説、扇状地上の耕せる表土がスポット的に分布していたから、それとも水路利用の都合……。諸説あって決定版はないらしいが、なかにはこんな傑作もある。

いわく、お役人が検地をしに来る。なるべく田んぼを少なく見せたい。それなら木立に覆われた屋敷を点々と配置し、その間を役人に忙しく一軒一軒歩かせてしまおう。似たような風景のなか、ついに土地を把握できなくなった役人は面積を少なめに算出、年貢も少なくめでたしめでたし……。

［交通］蛇喰▼ＪＲ城端線福野駅より南砺市福野区域市営バス13分井口（いのくち）行き蛇喰下車／雨潜▼福野駅より加越能バス井波・庄川方面行き5分焼野下車南へ約1.5㎞／瓜裂清水▼ＪＲ城端線砺波駅より加越能バス井波・庄川方面行き25分西野下車南へ約0.7㎞

善徳寺は400年以上も城端の町とともにある。彫刻が見事な山門

車窓に次々と展開していく散居の屋敷を見ると、なるほどこれなら役人をごまかせるかもしれない、と思った。しかもカイニョどうしが重なり合って向こうの田んぼを隠すので、地図で見るよりはるかに耕地が狭く感じられる。

終点の城端駅から町へ入り、それから東へ歩き始めることにした。この町でまず拝んでおくべきは善徳寺だ。歴史的・宗教的なことはヌキにしても、見事な彫刻が全面的に施された山門を見るだけでも城端へ来る価値があるだろう。そんな名刹の門前だけあって城端の町並みにはどこか品格がある。

城端からまず東へ歩いた。このあたりは広大な扇状地上にある砺波平野の端ということもあって、わずかながら棚田になっている。夏の日射しをまともに受けるのはキツいが、田んぼの匂いのなかをのんびり歩くのはいい。カイニョは主に南側に厚いので、県道を東へ向かえば左側には森が点々と見え、右は家の裏側を見ることになる。

東京あたりの感覚だと南側は日光を入れるため障害物をなるべく排除する。しかし

カイニョ（屋敷林）を背にして建つ、散居村の農家

高岡から50分、散居村を走る城端線終着駅・城端に到着

カイニョは南側に立ちふさがっており、採光を犠牲にしてでも強い南風を防ぐ意思表明といっていい。土地の人に聞いてみると、南風は年中吹き、特に秋風は激しいという。昔は窓からすきま風が容赦なく吹き込んだから、カイニョの有無で、住み心地には天と地ほどの差があったろう。ＹＫＫとか新日軽というアルミサッシ会社が富山県にあるのも、すきま風対策と関係あるのだろうか。

田んぼの大海原に、島のごとく近く遠く浮かんで見える屋敷林を通り過ぎながら、県道はだんだんに北を向く。井口村（現・南砺市）に入ると蛇喰《じゃばみ》という地名だ。地名の由来について、六〇〇年の歴史をもつ正覚寺にうかがった。お寺の奥様に教えていただいた言い伝えはこうだ。

「昔むかし、この付近には大蛇がいて、あちこち荒らし回っていた。みんな困っていたのだが、知恵者のおばあちゃんが大蛇と対決することになった。何にでも姿を変えられると豪語する大蛇に、おばあちゃんは次々と難題を吹っかける。それでも軽々と変身する大蛇に、いくらあんたでも豆にはなれないだろう、と挑発したところ、なれるとも、と小さな豆に変身してしまう。おばあちゃんは大蛇をすかさず嚙みつぶして呑み込んでしまった。かくして大蛇は退治され、それからは土地の物なりもよくなった……」

お寺の雪囲いを門徒(檀家)の皆さんが毎年作ってくれる、というお話をうかがった。屋根からの雪で埋もれないように、お寺のまわりを茅で囲うのだが、たいへん手間暇のかかるもので、集落の人たちが力を合わせなければできない。しかし作業がたいへんなだけに、終わったあとに揃って食事をする一体感は得難いものだという。集落のみんなでお寺を大切にし、お寺はみんなを大切にする。教会を中心に村人がまとまるヨーロッパの田舎にあこがれる人がいるが、ここにお手本があるではないか。

年代、雨潜——高麗からの渡来神が雨に降られて

翌日は朝から雨が降っていた。傘をさして農村を歩き回るのはいかにも怪しくて困るのだが、いつまでも待ってはいられず、城端《じようはな》線福野駅の軒下を出た。福野は市場町として江戸期に発展した町で、かつては加越能《かえつのう》鉄道加越線との連絡駅でもあった。

町を東へ抜けると間もなく福野高校を通り過ぎるが、校舎の東側にさしかかるや、擬洋風というのか、堂々たる木造建築が現れた。華やかななかにどっしりと落ち着いたたたずまいは、素人目にも見事だ。あとで調べたところ、福野高校の前身は歴史のある県立農学校であり、この建物は創立九年目の明治三六年（一九〇三）に建てられた農学校本館「巌浄閣《がんじようかく》」であることがわかった。県内唯一の明治期の学校建築として、

平成九年に国の重要文化財に指定されている。

明治の余韻を感じながら「年代《ねんだい》」という地名に向かった。雨のせいもあって、ほとんど歩く人を見かけない。最近はどこもそうだが、アスファルトは新しく、幅広い歩道がついている。年代もやはり散居村で、田んぼの明るい緑とカイニョの深い緑のコントラストが美しい。「年代会館」脇の建物を覗いてみると、姉さん被りのおばさん五〜六人がチューリップの球根を選別していた。図々しくお邪魔し、年代の地名の由来をうかがったが、残念ながらどなたもご存じない。

砺波でチューリップ栽培が始まったのは思ったよりずっと早く、大正七年（一九一八）のことであった。透水性の高い扇状地の土壌と豊富な水が味方し、水稲の裏作として注目された。チューリップは田んぼで作られたのである。本格的になったのは戦後で、当初は主にアメリカへ大量に出荷していたのだが、オイルショックや円高の影響で国内向けにシフト、今では一球も輸出していない、という。

あの人が適任、と教えられた人に年代の由来を尋ねたところ、「残念ながら、まったくわからないんです」とのお答えだった。江戸初期の寛永年間から村はあり、昔は「念代」と書いたのだが、なぜ年代に変わったのかは不明という。

年代から南へ向かうと軸屋《じくや》、焼野《やけの》、野新《のうしん》、野原と気になる地名が続いているが、そ

「石垣つき」「自然林タイプ」など、さまざまなカイニョが混在している

砺波の名産・チューリップの球根を選別。年代にて

巌浄閣は井波に400年以上続く「宮大工会社」の棟梁・松井角平に師事した、藤井助之丞の設計・施工

の南にある雨潜《あめくぐり》という珍しい地名へ行ってみた。自動車道となった加越線の廃線跡を横切ってしばらく南下すると雨潜だ。いつの間にか雨はやんでいて、犬の散歩にカイニョの家から出てきた中年男性に地名の由来を尋ねた。すると「怪しい人じゃないですよね」と不安そうな表情だ。聞くところによれば、最近このあたりでは空き巣の被害もあり、古道具が盗まれることもあったという。

私も客観的には十分怪しいはずなのだが、しばらく雨潜のなかを歩いた後に再びこの人に遭遇、すると意外にも「昔むかし、天照大神がここを通ったとき、急に雨が降ってきて雨宿りをした、という話を聞いています……」と話をしてくれた。やはり、いきなり乗り込んで話を聞き出そうというのはムシがいい、ということなのだろう。後日調べた『角川日本地名大辞典』には、アマテラスではなくて高瀬の神ということになっていた。その高瀬の神が高麗《こうらい》から渡来したときに雨に降られ、しかし神は雨をくぐっても進むと言ったことから、という。雨潜村は明治期まで雨潜野村《あめくぐりのむら》と称していた。ここから一・五キロほど東には高瀬神社がある。『延喜式《えんぎしき》』にも名のある越中国一の宮で、江戸期には加賀藩主前田家の保護を受け、多くの参拝者を集めた。高麗からの神様ということは、アメクグリノという地名もひょっとしたら朝鮮語と何か関係があるのかもしれない。

雨潜からは加越線の廃線跡の南側を通る一直線の細道を井波《いなみ》の町（現・南砺市）まで歩いた。二万五千分の一地形図があれば、こうやってクルマの道を避けて静かに歩けるのがいい。井波の町並みの紹介はガイドブックに譲るが、瑞泉寺《ずいせんじ》とその門前の町並みはやはり一見の価値があることを強調しておきたいと思う。かの一向一揆の一大中心地、「百姓の持ちたる国」と呼ばれた北陸真宗共和国の中枢であった事実だけですごい寺であるが、最後は信長勢力に無理やり潰されていった。それにしても山門脇に続く異様なほどの堅固さを見せる石垣からは、中国か中世ヨーロッパの城郭を連想してしまう。

華麗な彫刻を施した瑞泉寺の堂宇に腕を振るった職人たちは今も健在で、瑞泉寺門前の八日町《ようかまち》通りに並ぶ木彫りの店では、すぐ目の前で欄間を黙々と彫り続ける職人たちを間近に見ることができる。特に若い人が目立つのは心強いが、昨今の不況で欄間にカネをかける余裕のある人はだいぶ減ったのではないだろうか。ちなみにある店の四君子の六尺欄間には二五〇万円の値がついていた。

それにしても、表からも裏からも彫り進めて、見事な立体の竜や松竹梅などを生き生きと彫り抜いてしまう技には心底敬服する。値切ったらバチが当たるだろう。しばらくじっと見せてもらったが、写真を撮るのははばかられた。扇風機は回っているものの、熱気のこもる室内で額にタオルを巻いて黙々と彫り続ける姿には、どこか修行僧を思わせるものがある。

瓜裂清水、筏——扇状地に湧く名水と筏流しの集落

井波《いなみ》からは瓜裂清水《うりわりしょうず》を経て庄川町《しょうがわまち》（現・砺波市）へ、それから北上して筏《いかだ》という地名を訪ねようと思う。福井県から富山県にかけて湧水のことを「清水《しょうず》」と呼ぶが、この瓜裂清水は「名水百選」にも選ばれ、砺波の扇状地と山地のちょうど境目に何百年も涸れることなく湧き出している。暑いなかをだいぶ歩いたので少々バテ気味にとぼとぼと湧水にたどり着いた。駐車場もあって、ペットボトル持参の家族がいたから、富山では有名なのだろう。案内板には概略こうあった。

「瑞泉寺《ずいせんじ》の開祖・綽如上人《しゃくにょしょうにん》がここで休んだところ、馬の蹄のところが陥没、そこから清水が湧き出した。村人が献上した瓜をここで冷やすと、あまりの冷たさに瓜は裂けてしまった」

能書きを読みながら名物を味わうのは実にいいものだが、ここの冷たい水も格別だった。柄杓に何杯もお代わりをしながら、冷房の効いたクルマで来た人にはそれほど冷たく感じられないだろうな、と思った。清水のありがたさは、やっぱり歩いてこそ

信仰篤い越中によく見られる路傍の「南无（無）阿弥陀仏」

杉の木がよく茂って森のようになったカイニョもある

だろう。

次の目的地、筏のある庄川町は井波の東隣だ。戦後の四村合併で川の名を採ったものので、白川郷や五箇山《ごかやま》を流れて砺波平野に出る、ちょうど扇状地のカナメの部分にあたる。昔は上流部で伐採した木材を庄川に流し、このあたりで陸揚げした。町役場のある青島は木材の集散地として開け、その木材を北陸本線の石動《いするぎ》駅まで運ぶのを主目的として建設されたのが旧加越線（昭和四七年廃止）なのだ。

筏は青島から少し北上したあたりにある。相変わらずカイニョの立派な屋敷が水田の間に散居しているが、いろいろなパターンがあることに気づく。たとえば石垣の有無や生け垣の形態。また、杉をどこまで枝打ちしているかも家によって異なるし、なかには伸び放題で自然林みたいなものから下の枝を取り払って「骸骨カイニョ」になっているものもある。これは地域によってというより、持ち主の個性の反映だろう。屋根や庭に落ちた杉の葉《すんば》は、以前は風呂焚きに使ったそうだが、今は邪魔者扱いで、これがいやでカイニョを伐採する家もあるという。エアコンの普及や都会生活志向もそれを助長する。しかしいっぽうで、砺波特有の農村景観を守ろうという動きも出ているのは心強い。

筏では、かつて学校の先生をされた飯田陽久さんにお話をうかがうことができた。

「もともとこのあたりの庄川は、洪水のたびに流れが変わっていまして、しかも何本かに枝分かれしていました。そのなかでも大きな流れがこのあたりを通っていたんです。古地図にも確かに載っています。〝筏〟はそのあたりで筏を流していた人たちが作った集落、とされています。庄川の流れは江戸時代に加賀藩が松川除《まつかわよけ》を築いて正徳《しょうとく》四年（一七一四）以来、今の河道に決まりました」

二日間、散居村の砺波平野をひたすら歩いて印象に残ったのは、あちこちの路傍に「南無阿弥陀仏」と彫られた大きな石が建てられていたことだ。文言はその一行だけで、傍らには自らの名を刻んでいる。古いのも最近のもあるが、これだけの石を個人で建てるのはたいへんだろう。もちろん田んぼのまんなかに石を建てても売名や儲けに結びつくはずもなく、おそらく門徒さんそれぞれが何か思うところあって、六文字を彫らせたはずだ。「真宗王国だから」などと片づけては失礼である。どんな土地にも人の思いが刻まれているのだなあ、と夏の夕暮れを歩きながら、霞むほど遠くまで続くカイニョのひとつひとつを惜しみつつ高岡行きのバス停へ向かった。

父養寺、母代寺、談議所――遍路路のしみじみ地名を訪ねる［高知県］

右京と左京、上関と下関などペア地名は数多いが、父母の地名が隣り合うのは珍しい。

『土佐日記』を書いた紀貫之《きのつらゆき》にもゆかりの、高知県南国《なんこく》市の里山の麓にその珍しい地名はあった。さらに、物部《ものべ》川の清流に面した談議所《だんぎしょ》という謎の地名を訪ねた。

父養寺、母代寺――父母への孝心が地名に残り……

四万十《しまんと》川、仁淀《によど》川に次ぐ土佐第三の川、物部川はつい一昨日に通過した台風で濁流が滔々と渦巻いていた。実は高知空港から歩いてこの物部川橋まで来たのだが、バスやタクシー乗り場に急ぐ人々を尻目に空港ターミナルから歩いて目的地へ行くというのは何だか新鮮だ。今回は物部川の左岸にある父養《ぶよう》

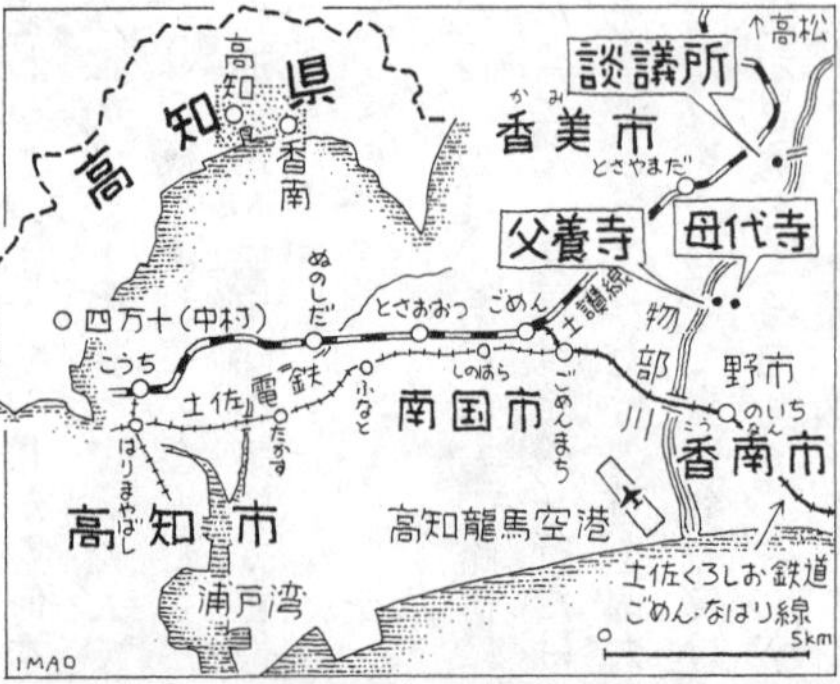

寺《じ》・母代寺《ぼだいじ》という地名を訪ねる。せいぜい五キロほどだ。

真夏の日射しのなかを歩き始めてみると、まさに稲刈りの最中だった。そういえばこの一帯は早場米の産地だ。高知平野はかつて米の二期作で有名だったが、米の消費量が減った今はほとんど行われていないらしい。それでも黄色い稲穂の隣で田植えしたばかりの青々とした苗が風に揺れている風景は健在で、関東の農事暦に馴染んだ身には何とも不思議に映る。

父養寺へ行くと、地名の看板は見つからなかったが「父養寺井」の案内板があった。井と書いて「ゆ」と読ませるのは用水を指す古語のようだ。野中兼山《けんざん》が開削したとある。兼山といえば灌漑や築港など数々の土木工事で知られた江戸初期の土佐藩の家老だ。郷土の偉人と讃えられるいっぽうで、キツイ労働に駆り出された農民はたいへんな苦労をしたらしい。ついでながら、有名な後免《ごめん》という地名（南国市《なんこくし》）も、兼山が台地上に市場町を開いた際、商店の税を免除した「諸役御免」から来ている。

父養寺の集落は小さな山の麓に古くからの落ち着いたたたずまいを残していて、辻には大日寺《だいにちじ》あちら、の標識がある。この寺は母代寺の地内にあって四国八十八カ所の二八番札所にあたる。酒屋さんの自販機でお茶を買ったついでに

［交通］父養寺・母代寺▼土佐くろしお鉄道ごめん・なはり線野市駅下車北へ約2.5㎞／談議所▼ＪＲ土讃線土佐山田駅よりＪＲバス大栃線9分談議所下車

地名の由来について聞いてみた。

「ずっと昔に紀夏井《きのなつい》という人が土佐に流されてきて、その人がお母さんとお父さんを弔って父養寺と母代寺という寺を建てたという話が伝わっていましてね、その屋敷跡がありますよ」

父養寺から母代寺は歩いてもすぐ近くだ。母代寺の集落は野市町《のいち》（現・香南市）になる前までは佐古《さこ》村といって、その中心であったという。このあたりでも稲刈りが進んでいた。聞いたとおりの道をしばらく行くと、県史跡の紀夏井邸跡を示す案内板があった。ここから古墳のような形をした小山を登っていくと、てっぺんが邸跡である。流されたのが八六六年という大昔なので、その確実な証拠は出ていないそうだが、邸跡を示す石柱のまわりは静かな墓地になっていた。

孫を遊ばせていたおじさんによれば、「紀夏井は瓦の焼き方や薬の知識を村人に教えたそうで、その瓦を焼いた窯跡というのが母代寺のほうに残ってます」とのことだった。

夕方になったのでバス道へ戻ろうと集落のなかを歩いていると、一台の車が停まり、乗っていきませんか、という。ちょうど土佐山田方面へ出たかったのでお言葉に甘えた。不動産業を営んでおられる女性で、白装束でもない私をお遍路さんかと思ったそ

米の二期作の本場・高知平野では、今も8月の旧盆前に早場米の稲刈りを終えてしまう

ごめん、ちょっと通してね。都電より古い「とでん」こと土佐電鉄は、いの町から高知市内を通って南国市の後免町へ

うだ。

お孫さんを高知まで乗せるからちょっと待って、とご自宅へ通してもらった。紀夏《きのなつ》井《い》と父養寺・母代寺のことを調べていることを話すと、ご主人が奥から『野市町史』を持ってきてくださった。上下巻の分厚いもので、嬉しくもそのエピソードを詳細に記したページが見つかった。その場でコピーをさせてもらい、結局は高知のホテルまで送っていただいてしまった。なんとも恐縮したが、見ず知らずの旅行者にここまで親切にしてくれるのは、やはり何百年もお遍路さんを大切にもてなしてきた四国の人の基層に、確固としてある文化なのではないだろうか。

町史によれば、紀夏井は官吏で、およそ半世紀後に登場する『土佐日記』の紀貫之と同族であった。しかし藤原家の「他家追い落とし策謀」のなかで起きた応天門の変で罪を被せられ、土佐へ流されたという。一九〇センチの長身、人格高潔で村人からはたいへん敬われたらしい。

父養寺・母代寺という寺を建てた伝承はあるものの、記録には「草堂に父母の遺骨を安置した」とある。しかしその孝心が村人を感動させ、寺はともかく地名に発展したのかもしれない。

談議所——昔むかし、物部川沿いで何を談議したのか

談議所《だんぎしょ》という地名は土佐山田町（現・香美市）の楠目《くずめ》という大字《おおあざ》に含まれる地名だが、何の談議をしたのだろうか。頑固な土佐っぽたちが幕末に開国談議をしたエピソードがあったのか。

土讃《どさん》線の土佐山田駅から韮生往還《にろうおうかん》（現・国道一九五号）を東へ向かうのだが、車の交通量が少ない旧街道を歩いていこう。途中、瓦の工場があった。紀夏井が伝授したという瓦の製法が一一〇〇年余の歳月を超えて今に伝わっているとしたら、なんとも悠久な話だ（父養寺・母代寺の項を参照）。昔ながらの商店街は旧街道に沿ってずっと続いているが、シャッターの閉まった店が目立つのは地方都市では当たり前になったとはいえ、やはり寂しい。

談議所は物部《ものべ》川を見下ろす岸辺にあって、街道沿いに家並みが続いている。少し商店もあるが、もっとも目立つのが染物屋さんだ。聞いてみると、この談議所に三軒あるという。暖簾やノボリの見本がズラリと並んだハチロー染工場を訪ねてみた。

「昔は染物屋がもっと何軒もあって、物部川で捺染《なっせん》をやっていました。今は水道の水ですが。フラフというのは大漁旗のことで、高知県では五月の節句で鯉のぼりの隣に立てるんですよ。図柄は義経と弁慶など伝統的なのが多いですね。大きいのになると

一六畳ぐらいのもあります。談議所の由来ですか。ちょっと聞いたことありませんが」

談議所の対岸は神母ノ木《いげのき》という、これまた難読地名の集落がある。鉄橋で物部川を渡ったところだが、ここは山間を流れ下ってきた物部川が平地へ出る地点で、韮生往還の渡し場集落として江戸期から発達してきたという。高知城下を目指す香美《かみ》郡上流部の木材や木炭などがここに集散した。その重要性は、川岸ギリギリに張り出して建てられた家並みが物語っている。

少し南へ下がった川岸に神母《いげ》神社があった。対岸の談議所から森に見えたのが実はこの神社の一本のクスの木だったのには驚いた。枝は水平に逞しく張り出していて、大水でなぎ倒されながらも復活したらしい。生命力の塊のような姿をしている。

「神母神社は一般に農作物の神を祀るといわれている」という解説板があり、この樹齢五〇〇年の大木が地名の由来ではないかという。神母が普通名詞なのかとあとで調べてみると、高知県内には「神母」のつく地名がいくつもあり、土佐では田の水を司る神を「おイゲ様」と呼ぶこともわかった。

地元の何人かに聞いて不明だった談議所のほうも帰宅してから調べてみた。そもそも談議という言葉が現代とは意味が異なり、古語辞典によれば「書物の意味を解説す

フラフは5月の節句に立てる大漁旗。ここ談議所ではかつて物部川の水で捺染していた

高知の夏を盛り上げる「よさこい祭り」。各地から集まった2万人が華麗な衣装と踊りを披露する

ること」「教義を信者に説き聞かせる」という意味がある。

地名事典に土佐山田町の談議所の由来は載っていなかったものの、現・室戸市佐喜浜町の談議所の地名について、「真言宗僧侶の研修用僧堂が地名に転じた」とあったので、これが近そうだ。

大正大学綜合仏教研究所のホームページは談議所について「談議すなわち仏法を談じて経綸《けいりん》の義理を解き明かす場所の意で、いうなれば僧侶の学校にあたります」と解説している。

あらためて別の地名事典で旧楠目村の項目を探してみると、あった。「もと当地にあった吉祥寺の僧が法話を談議したことによるとも、山田堰築造のときに談議したとも伝える」

山田堰の完成まで長年月がかかったことは確かだが、吉祥寺が談議所そのものであり、これが地名化した、というのが自然ではないだろうか。

夕方、高知へ戻ってみると町じゅうが「よさこい祭り」でわいていた。熱帯夜のなか、高知市じゅうはもちろん、全国から集まった老若二万人が鳴子を両手に持って踊りに踊っている。帯屋町や追手筋《おうてすじ》などの目抜き通りの商店街はびっしり人で埋め尽くされている。

僧が法話を談議したことにちなむ地名と思われる

神の宿る巨木が地名になったらしい。「イゲ」は高知県に多い地名

鼓膜を直接震わす大音響の「坊さんカンザシ」の坩堝のなか、旧町名を案内する看板を見つけた。掛川町。山内一豊《やまのうちかずとよ》が遠州掛川から土佐へ入国した際、連れてきた大工頭や鉄砲鍛冶などを住まわせたことに由来するという。今も生きている町名・唐人町は秀吉の朝鮮出兵のときに連れてこられた朴氏一族にちなむ。よさこいの踊り手たちの先頭では一〇畳以上ありそうな大漁旗が勇壮に振られていた。そうだ、きっと談議所で染められた「フラフ」に違いない。

京泊、海土泊、帆之港――「今は昔」の港町を探して［鹿児島県］

泊《とまり》という字の本来の意味は「船が岸に着く」ことで、泊のつく地名は全国に数多いが、地図で鹿児島県の西海岸を眺めていたら、京泊《きようどまり》、海《あ》土泊《まどまり》、それに帆《ほ》之港《のみなと》という歴史を感じさせる地名を見つけた。古くから東シナ海を隔ててアジアと密接に結ばれていた薩摩の小港町を訪ねた。

京泊――薩摩「泊あるき」紀行

京泊という地名は遠い京の都と関係でもあるのだろうか。また海土泊はアマドマリと読むのになぜ「海士」でないのか。アマだとすれば海に潜って魚介を獲るアマさんの根拠地だったのか。もう少し南には帆之港という地名もある。西海に開いた地だけあって、もしかして大陸と何か深い関係があったの

だろうか。妙に惹かれる泊の地名を訪ねることにした。川内市《せんだい》（現・薩摩川内市）から串木野市《くしきの》（現・いちき串木野市）、そして日吉町《ひよしちょう》（現・日置市《ひおき》）にかけての海沿いにある。

川内駅から京泊への道筋を地図で調べていたら、途中の川内川の両岸に小《こ》倉渡場《くらわたしば》と高江《たかえ》渡場というバス停がペアで見つかった。これはぜひともバスから渡し船に乗り継ぎ、川に敬意を表しつつ京泊へ向かおうと、川内駅前から南岸の高江を通るバスに乗った。

ところが小倉渡場で降りてみると、渡し船は影も形もない。通りがかったおばさんに聞くと、とっくの昔に廃止されたという。廃止されても「駅前」バス停、みたいなものだろう。歩いて川内河口大橋を渡り、はるばる京泊を目指すことにした。

水鳥の群れる干潟を見ながら川沿いにしばらく西へ下っていくと「久見崎《ぐみざき》軍港跡」の案内板があった。このあたりは河口が近いので、かすかに潮の香りも漂ってくる。田んぼの広がる風景のここが、かつては入り江であり、秀吉の朝鮮出兵の際には、たくさんの軍船が一万を超える将兵を乗せて出発していった。久見崎には今も「想夫恋《そうふれん》」という盆踊りがあるが、このときに出

［交通］京泊▼肥薩おれんじ鉄道草道駅より西へ約3㎞／海土泊▼ＪＲ鹿児島本線串木野駅より林田バス土川入口行き25分羽島小前下車西へ約0.7㎞／帆之港▼ＪＲ鹿児島本線伊集院駅より鹿児島交通バス加世田・枕崎方面行き15分日置下車南西へ約0.8㎞

征して帰らなかった夫を鎮魂する踊りなのだそうだ。天下統一の「英雄」が足を踏み外したために犠牲となった夫たちは、今も回想され続けているのである。

まだ新しそうな川内河口大橋を渡ると、かつて川中島であった船間島《ふなまじま》だ。ここはあとで調べたところ、密貿易の拠点だったという。そういえば、隠れるにちょうどいい島陰がある。太平洋戦争末期には潜水艦の隠れ場所にもなったという。

川内河口大橋で北岸へ渡って二〇分ほどで京泊に着いた。新しい護岸の目立つ漁港風景からは昔の面影が想像しにくいが、旧道へ一歩入るとどことなく歴史の古さを感じさせる。京泊の由来については、地元の何人かに聞いてみたが、昔は船がたくさん来て賑やかだった、という話以上のことはわからなかった。

旧道には「京泊天主堂跡」の案内板があり、ドミニコ会の宣教師五人がマニラから甑島《こしきじま》経由でこの京泊に移り、一六〇六年に教会を建立したことが書かれていた。しかし間もなく切支丹《キリシタン》禁制が布《し》かれてマニラへ退去させられた。この間わずか三〜四年である。

港の見下ろせる高台に登り、教会跡地の案内板を読んでみると、宣教師は島津家久がフィリピンとの貿易を願ってこちらから招聘したのだという。その後鎖国がなかったら、いったいどんな国になっていただろう。それとも薩摩藩だけが貿易立国で栄え

1日数往復のバスが通うのみの京泊停留所

かつて天主堂のあった京泊の裏山には十字架とロザリオが

川内川河口のノコギリ形堤防。近世の水防と干拓の痕跡

ることが許されていれば……。教会跡地からは、先ほどの久見崎軍港跡がすぐ対岸だ。

京泊の昔をご存じの人には会えなかったが、その日の晩に鹿児島県立図書館で『川内市史』を調べてみると、やはり京泊はただの田舎港ではなかった。鎖国前までは中国貿易の拠点であり、市内にはここから輸入された明代の陶器が残っているという。そして江戸期は島津の殿様が参勤交代の際に出航した港だった。

鹿児島から江戸までの道のりは遠いが、コースはこうだ。

鹿児島城下を出た大名行列は、まず川内まで陸路をとる。一行は川内河畔に宿泊、翌日に川船で京泊へ下り、ここで大船に乗り換え、はるばる九州の西を回って関門海峡を過ぎ、瀬戸内海を大坂へ向かう。再上陸して東海道をひたすら東へ下った。いくら大藩とはいえ、この大人数の長距離移動が藩の財政にもたらした負担はさぞ重かっただろう。

海土泊《あまどまり》——密貿易取り締まりの番所が置かれた港

翌日は海土泊へ直行するはずだったが、肥後の名石工・岩永三五郎が作った石橋が高江にあるということを鹿児島の図書館で知り、また次の日も昨日通ったばかりのルートをたどった。江之口橋という。嘉永二年（一八四九）架橋のいわゆる眼鏡橋で、

名石工の手になる端正な江之口橋。今も現役の名橋だ

羽島《はしま》の浦をはるかに見下ろしながらバスは土川《つちかわ》に向かう

古くから密貿易の拠点だった海土泊は今も……

静かな村の風景に溶け込んだ見事な石橋は、わざわざ予定変更して来た甲斐があった。いつまでも立ち去り難い。こんな建造物を二〇世紀の日本人はいくつ残せただろうか。

昨日の小倉渡場《こくらわたしば》から海沿いの土川《つちかわ》行きのバスに乗った。川内《せんだい》原子力発電所の裏手を通り、少し山のなかを走るとにわかに前方が開け、海が広がった。土川である。小さな集落のまんなかには土川川が流れていて、ここを境に北側が川内市、南が串木野《くしきの》市に分かれている。それでも地元の人に聞いたら、神社は共通だし、もちろんお祭りも一緒だという。ちなみに神社は鹿児島では「じんしゃ」と発音する。土川小学校は串木野市（現・いちき串木野市）立だが、やはり川内側の子も受け入れているそうだ。

海土泊までは六キロほどなので歩いて行くことにした。ちょっとした峠道だが、海がずっと下に見えて気持ちのいい散歩道だ。あちこちで小さな浦の風景に似合わない道路の改修が行われていたので、畑仕事のおばちゃんに聞いてみると、「避難用の道路」なのだという。川内原発で万が一事故が起きたときに、一目散に逃げるのである。原発は知られざる風光明媚なところ（＝過疎地）に建設されることが多いので、静かな海辺の道を楽しみたければ、全国各地の原発付近が狙い目かもしれない。これは皮肉ではない。

土川から海土泊の間も、海をはるかに見下ろせるいい道だ。山を回り込むと羽島《はしま》の浦がはるかに見えてきた。羽島崎に抱かれたいい具合の湾である。羽島はまとまった集落で漁港があるが、海土泊はその市街の西のほうにある。石垣にガジュマルのような木が絡んだ、いかにも南国の屋敷構えが目立つようになってきた。港に面した酒屋のおカミさんによれば、これはアコウの木といい、皮を煎じて飲むと血行がよくなるのだという。

「それにしてもあなたはウチの婿さんに似ている、ほんとうは北九州市にいるはずなのに、ひとりで来るのはおかしいなあ、と不思議に思っていたら別人だった」

私に似ている人は実は全国各地に多いんです、と話し始めると、まあ座りなさい、土川から歩いてきたのか、とびっくりされた。発音は「つっかわ」である。

「今は若い人が少なくなってねえ、羽島の小学校も、私の娘が行ってた頃は二～三クラスずつあったんだけど、今はひとクラス。ここには企業がないから働き口がない。海土泊はアマドマリと読みます。そう、海士ではなくて海土。遠くからよく来たね。みかんでも食べなさい」

お菓子を買って店を後にし、すぐ近くの海土泊へ向かった。間もなく白塗りで足元だけ黒い大鳥居が目に飛び込んできた。羽島崎神社である。やはり照葉樹に覆われた鎮守の森を背景にして、赤い屋根、クリーム色の壁が実に新鮮だ。なんだか地中海的といいたくなるほどに、本州あたりでは見かけない独特の色合いである。目の前はすぐ海で、はるか向こうにもっと天気がよければ甑島《こしきじま》列島が見えるのだろう。

ちょうど宮司さんが通りかかったのでお話をうかがった。

「海士泊の地名については、昔は海士泊と書く人もいたが、なぜ士が土になったのかはわかりません。アマは男女に限らず潜って漁をする人を指しますが、海を守る人を指したのかもしれません。実際に薩摩藩では密貿易取り締まりのために遠見番所《とおみばんしょ》をこの近くの山の上に設けていたこともありましたから。どうして羽島浦が密貿易にいいのかといえば、羽島崎が突き出した東に湾が南向きに開いていまして、地形的に北西の季節風を防ぐのに最適なんです」

図書館で『串木野郷土史』を調べてみると、羽島浦が中世の頃から豪族たちの奪い合う土地であったということが述べられていた。ここで採れる塩と密貿易の珍品が目当てだったという。

またまた図書館で羽島の小字《こあざ》を調べてみたら、「煙の向」という気になる地名があった。場所は不明だが、もしかしてこれが遠見番所に関係するのではないだろうか。そら密航船だ、狼煙を上げて急を報せろ……。それから、番所の事務を執った家のある羽島浦近くには御帳附《おちょうづけ》という小字も残っており、これは文字の消えかけた案内柱が

白い鳥居がどことなくエキゾチックな羽島崎神社

羽島崎神社にはエビス様の乗った船が

羽島の名物は「うんのもん」(海の物)。各種ちりめんじゃこが美味

立っていた。藩の役人の仕事が現在まで地名となって「冷凍保存」されているのだ。羽島のバス停から川内か串木野へ出て帰るつもりで海岸を歩いていたら「留学生渡欧の地」の看板が立っていた。何ごとかと読んでみると、つまり幕末の激動期、慶応元年（一八六五）四月一七日に薩摩藩士がここから英国へ留学に出航したというのである。

五代友厚が当時の藩主・島津忠義にヨーロッパから学ぶ重要性を説き、一九名が甑島や大島の視察と称してここを出航。英国貿易商のグラバーの用意した船に乗り換えて英国への密航を成功させた。藩士のなかには初代文部大臣である森有礼《ありのり》や東京開成学校（現・東京大学）初代校長の畠山義成、サッポロビール創始者の村橋直衛、外務卿をつとめた寺島宗則など錚々たる人物がいた。

羽島浦を出た密航留学生たちは香港、シンガポール、ボンベイ（現・ムンバイ）、スエズから地中海経由でジブラルタルを抜け、六月二一日にサザンプトンに到着したという。明治維新に先立ってこの鹿児島から、現代の感覚からすれば日本の端のほうから彼ら先覚者たちが船出したのは実に意外と思いがちだが、プレートにあった羽島〜香港〜シンガポール……の地図を見たら、当時の日本で最もヨーロッパに近い藩が薩摩であったことが実感できる。もちろん地理的に近かったから船出したわけではないが。

帆之港——琉球・中国への国際交易港の夢の跡

その翌日は帆之港《ほのみなと》へ足を延ばした。羽島浦《はしま》からは約二〇キロ南の吹上浜《ふきあげはま》に面したところで、日吉町《ひよしちょう》（現・日置市《ひおき》）に属している。町の中心にほど近いのだが、降ったりやんだりの天気だからか、歩いてみると眠ったように静かな村だった。やっと出会った老人に昔のことを聞いてみた。

「さっき、村の銀座通りを歩いてたでしょう。帆之港の銀座通り。港というのはね、昔は大川のほうにあった。ずいぶん外国とも交易をしてたらしいね。私が子どもの頃は地引き網。イワシがいくらでも獲れたんだが、戦後いつ頃からかパッタリ獲れなくなって……」

さっそく大川へ行ってみたが、名前負けした小河川で、砂の溜まったこの河口から大船が出入りする風景は思い描けない。小さなボートが二隻つながれていただけで、あとは人影も何も見当たらなかった。それでもよく見ると河岸には崩れかかって自然に同化しつつある石積みがあって、「ツワモノどもが夢の跡」という、時間の止まったような一角だった。

繁栄していた大昔のことを調べるため、日吉町の図書館へ行ってみた。

郷土史の本によれば、室町時代の帆之港は商人が各地から集まり、遠く琉球、朝鮮、中国との交易が盛んに行われていたという。倭寇の根拠地でもあったというから、商人か海賊か区別のつかないような面々でだいぶ騒々しかっただろうか。鎖国以降は国内物資の集まる地元経済の中心的な役割を担っていたという。

維新後も帆之港には一一～一二軒の船主がいて、大川にはいつも四～五隻の船が入っていたという。それらの船は五島列島や長崎はもちろん、朝鮮半島や中国、沖縄まで広範囲に行き来していたそうだ。

こんな記述もあった。

「星原清蔵は長崎通いで大正の初めまで、一艘残った船で雑穀を持って行き、帰りは有田焼を持ってきて商売していたので、茶碗皿屋といった」

そんな風だったから、呉服屋などの商店や旅館が軒を連ね、市も盛んに行われていたという。だから、さっきの「銀座通り」は歴史的用語であって、比喩ではなかったのかもしれない。

しかし賑わっていた帆之港も、大正になって南薩《なんさつ》鉄道（のち鹿児島交通南薩線）が開通すると物資の輸送はそちらへ移り、徐々に衰退していく。その後は老人の話のとおり漁港として活路を見出すが、砂浜の小河口港では近代化も難しく、衰えていった。ついでながら、帆之港を衰退させた南薩線も昭和五九年（一九八四）に廃止されている。これも陸上交通のクルマへの世代交代である。

今回訪ねた京泊《きょうどまり》、海土泊《あまどまり》、帆之港。いずれもかつては交易や軍事、文化交流などで大いに繁栄を誇ったところであるが、今はいずれもひっそりと静まり返っていて、地図にかろうじて載りながら、歴史を小声で伝えてくれている。

時代の流れは厳しい。衰退する都市は保護により多少延命されても、必然により衰退していく。そしてまた息を吹き返すかもしれない。今は繁栄を謳歌している国際商業都市であっても、一〇〇年後に草深い静かな村にならないとは言い切れないのだ。その逆も然り、である。理屈はともかく、はるか昔にアジアとつながっていた〝国際港〟に思いを馳せる旅は、とても魅力的なものだった。

第四章　なんとも不思議（!?）な、謎の地名を歩く

鼠鳴、猿鳴――宇和海の入り江で鼠と猿が鳴いている［愛媛県］

愛媛県南西部は半島と湾が交互に続くリアス式海岸となっており、奥行きの深い水面には真珠筏が並ぶ。津々浦々という言葉のとおりに点在する漁村の地名を地図で丹念に読んでいくと、鼠鳴《ねずなき》と猿鳴《さるなぎ》という二つの地名が見つかる。どんな由来があるのだろうか。

鼠鳴――真珠養殖の小さな漁村。屋根にいた瓦鼠の謎

愛媛県南西の城下町・宇和島からさらにバスで南へ入ると、リアス式の複雑な海岸線が続く。切り立つ岩にふち取られた小半島のつけ根には、津々浦々という言葉にふさわしい小さな村があり、わずかな平地に家を密集させている。そんな数ある「浦」のなかに、鼠鳴と猿鳴という珍しい地名がある。

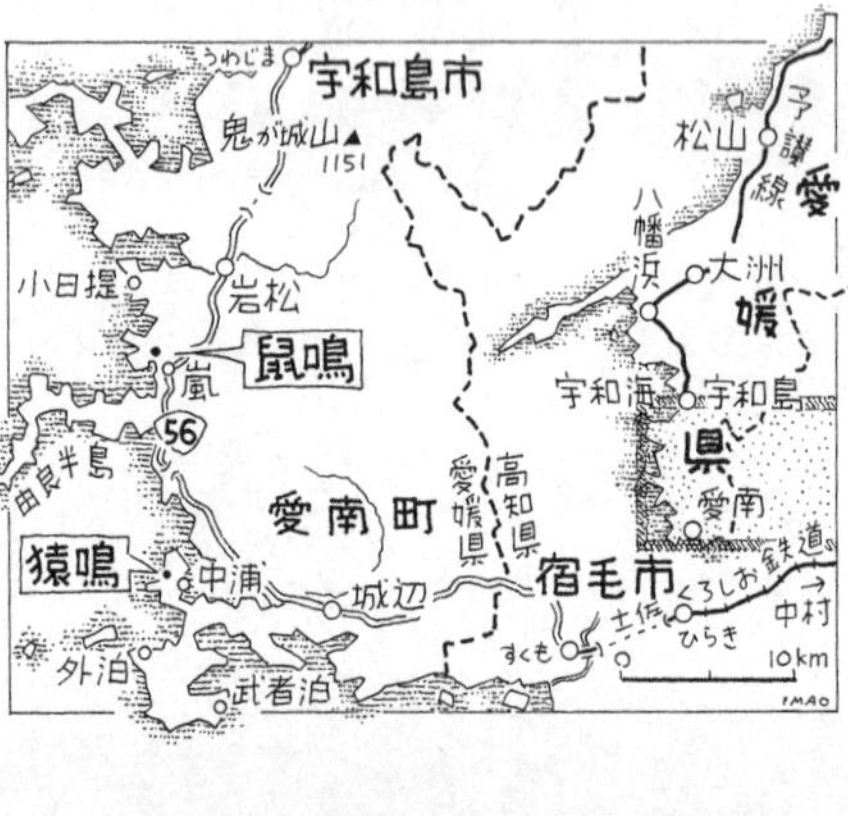

鼠鳴は国道56号にほど近いのでバスで行けるのだが、津島町（現・宇和島市）中心部の岩松から、海岸沿いをずっと歩くことにした。十数キロといったところか。山が海に迫ったところを道でつなぐわけだから、道路はあちこちで等高線沿いに迂回しており、直線距離の何倍も歩くことになる。

大日《おおひ》提《さげ》、小日提、田之浜と過ぎたところで県道を外れ、透き通った海を間近に見られる細道で岬を回った。曾根《そね》に続く脇《わき》という集落を抜けるとまた上り坂になって遠景が広がる。涼風が心地よいトンネルを抜けると、鼠鳴の集落が眼下に広がっていた。

鼠鳴は西側の小半島に守られた天然の良港で、波静かなること鏡面のごとし、である。いくつも並ぶ真珠小屋のひとつにお邪魔すると、三人がまさに仕事中だった。海から養殖用のワクをざぶりと引き揚げ、付着した大小の真珠貝からいいのを選び、虫などを取り除いて別の容器に移し替える。これをまた海に戻して育てるらしい。黙々と作業中の男性に聞いてみた。

「鼠鳴の由来ねえ。ハッキリしたことはわからない。でも珍しいから学者さんが調べに来たことがあったたっけ……。このあたりは真珠が中心だけど、最近は景気が悪くて、もう最盛期の半分。以前はこの下灘地区でも母貝《ぼがい》業

［交通］鼠鳴▼ＪＲ予讃線宇和島駅より宇和島自動車バス城辺・宿毛方面行き44分嵐下車、田之浜経由岩松行きに乗り換え約5分鼠鳴下車／猿鳴▼宇和島駅より宇和島自動車バス城辺・宿毛行き1時間19分（宿毛駅から宇和島行きで31分）城辺下車、中浦行き（平日1日5本）に乗り換え37分高手（終点）下車徒歩約6㎞

者だけで三〇〇軒あったのが、今は二〇〇軒。そこの神社の屋根は見た？　ネズミがいるよ」

皇子《おうじ》神社という額を掛けた神社がすぐ目の前にあるが、屋根を見ると、なるほど鬼瓦の位置より少し下がった、ちょっと中途半端な場所にネズミがいた。もちろん瓦のである。気になったが、その由来は彼もわからないという。

帰宅してから津島町役場（現・宇和島市役所津島支所）に問い合わせると、曽根にある光円寺の住職・常盤浄圓さんを紹介してくれたので、電話でお話をうかがうことができた。

「どうもハッキリしないんです。皇子神社の屋根にネズミがいるのも、なぜかわからない。ここ下灘などでは藩政期、田んぼになる土地がほとんどないので段々畑の斜面でサツマイモを作っていたんです。もちろん漁もして、自給自足的な生活をしていました。当時ネズミが大発生したことが何度もあったらしい。でも、それが関係しているかどうか……」

宇和島藩では江戸時代、干鰯《ほしか》としてのイワシ漁業が奨励されていた。関東でいえば九十九里浜の納屋《なや》集落（二一二ページ参照）のイワシ地引き網である。河内《かわち》など畿内の綿作地では干鰯を畑の肥料に使った。

鼠鳴への途上にて。陸と陸の間に発達した砂州上にある小日提の集落は、洋上に浮かんでいるかのよう

リアス式海岸を巡る路線バスの鼠鳴停留所

鼠鳴の皇子神社の屋根にはネズミ瓦が。守り神かもしれない

「イワシ漁は戦後もしばらく続きましたが、乱獲でダメになった。サツマイモのほうもアルコールの原料として需要があったんですが、そのうち売れなくなって……」

戦後の昭和二五〜二六年頃から下灘にもミカンが急に広まってきて、イモ畑がミカン畑に変わっていった。当時一箱（二五キロくらい）を宇和島へ持っていけば、料亭で何人もが一晩飲めたそうだ。しかしその後は生産過剰と需要の低落、そしてミバエ（果実など植物に寄生するハエ）の被害などが重なったため、下灘の農家は次々とミカンから撤退していく。それでも御荘《みしょう》町（現・愛南町）などのように新品種を次々と開発してがんばっているところもあるが。

真珠は昭和三〇年代後半あたりから広がったという。最初の頃は三重県から真珠養殖の適地を求めて業者が来た。真珠に適した環境と関係者の努力が実って順調に推移していくのだが、数年前の母貝大量死と不景気のダブルパンチだ。自然相手の商売はほんとうに難しい。

神社での話に戻ろう。屋根のネズミを眺めていたら、散歩の老紳士がやって来た。

「詳しくは覚えていませんが、ネズミが蔵の米を守っていたから、という話を年寄りから聞いた覚えがあります」

ふつうに考えればネズミは蔵を荒らすほうなのだが……。鼠鳴の謎は晴れないままだったが、しばらく歩いて国道の嵐バス停に着いた。これから猿鳴に向かうべく、今晩は石垣で有名な西海町《にしうみ》(現・愛南町)の外泊《そとどまり》集落に宿をとってある。

バスを待っていると、先ほどの真珠小屋の男性がクルマで来た。私が何か忘れ物でもしたかと思ったら、宇和島から帰ってくる娘さんのお迎えだった。今は試験中で早いが、いつもは部活で遅くなる。最近は物騒だから、バス停まで送り迎えしているそうだ。私と入れ違いに制服の女の子が降り立ち、お父さんの隣に乗り込んだ。

猿鳴――サル除けのネットはあるけれど……

外泊から次の目的地・猿鳴《さるなぎ》までは直線距離なら四キロだが、その間はもちろん海があるし、道も曲がりくねっているので一〇キロは超えそうだ。船越の鹿島渡《かしまわたし》停留所からバスの通わぬ西海岸を歩き、峠を越えて半島の北側へ出ると御荘町の中浦に着くが、ここからが遠い。距離は一キロ足らずのすぐ山向こうなのだが、地形図には道が描かれていない。きっと細道ぐらいはあるはずとは思うが、地形図に破線で示された道(徒歩道)があっても、行ってみたら廃道だった経験が何度もある。ここは遠回りだが、蛇行する県道をぐるっと回ることにした。結局はこの間一時間二〇分かかったので、少なくとも六～七キロはあっただろう。

猿鳴は、行き止まりの村である。県道の終点付近からずっと海へ下っていく細道沿いに家が建ち並び、海岸には真珠養殖の作業をする建物があった。そこから出てきたおじさんは、行き止まりの村へ侵入したよそ者を別に怪しむ様子もなかったが、私が県道を歩いてきたと聞いて呆れている。

「中浦からだったら近道があるのに。オレが子どもの頃はクルマの道はなくて、みんな山を越えて中浦まで歩いた。小学校までせいぜい三〇分。セメントが敷いてあるから迷わずに歩けるよ。県道があっても万が一不通になったときのために、年に二回、集落のみんなで草刈りをしてる。猿鳴の地名の由来というのは、聞かないねえ。昔はサルがたくさんいたのかね。今もいるけど。あのあたりのネットで覆った畑はみんなサル除け」

帰りは教えられた峠道を行くと、迷うこともなく峠に到着した。この部分は切り通しになっているが、相当な分量の岩を砕いたはずだ。陸路は数十年前まではこの峠道しかなかったというから、大事な「猿鳴街道」だったのである。現在は猿鳴に小学生はおらず、中高生も親がクルマで送るという。

東京に戻ってあれこれ調べても地名の由来は不明なままだったが、『日本「歴史地名」総覧』（歴史読本特別増刊・新人物往来社）にズバリ「ネズミ地名」というタイ

猿鳴から中浦へ出る峠道。県道が開通し、
通る人は稀だ

猿鳴へ通じる県道で目にした標識。右の左右水《そうず》も気になる地名だ

トルの論文（長谷川恩氏）が載っていた。これによれば、ネズミ地名も多種多様で、地形がネズミ形、ネズミの生息によるもの、福をもたらす神または繁殖——豊饒《ほうじょう》のシンボルとされたもの、遠見番所などの「寝ずの番」、重要港としての「根津」、お寺に関連して「念珠」からきたもの等々、いろいろな説が取り上げられていた。

そういえばネズミの皇子《おうじ》神社の隣には、昔このあたりを統括した網元の屋敷があったという。豊漁の思いを込めて、ネズミ算式に増える「ネズミ神様」を屋根に載せたとしても不思議はない。ネズミが鳴けば魚も湧く……。そんな縁起かつぎの地名だとしたら面白いではないか。

猿鳴については、サル・ザルが「ズレる」と同語源の地滑り地帯など、崩壊地の地名によくある、という話があった。また、猿鳴の読み方が「ナキ」ではなく「ナギ」であることに注目して別の地名辞典にあたってみると、ナギは草をナギ払って焼き畑をしたところだという。焼き畑は、特に西日本では広範囲に行われていたそうなので、サルナギは崖地の焼き畑、ということだろうか。猿鳴は文政二年（一八一九）に中浦の農民が開発した、という記録があるので、サルナギという焼き畑地帯にできた集落なのかもしれない。

そうすると、鼠鳴《ねずなき》ももとはナギなのだろうか。鼠の神を祀った焼き畑地。もちろん、このあたりは私の想像の域を出ない……。思えば南予《なんよ》地方は昔から今日まで、イワシからミカン、真珠へ、ハマチからタイやフグの養殖へと、遠方のお客さんに届ける品々を苦労して育て、自ら稼いできた。ひたすら海沿いを歩いた道すがら、「魚つき林」(漁業を支える養分供給源としての山林)という看板をよく見かけたが、やはりこのあたりの資本は紺碧の海と照葉樹の濃い緑なのである。

富士山、富士神社――筑波山周辺に「三つの富士山が！」の謎［茨城県］

茨城県に三つも富士山があるとは知らなかった。それも関東平野を代表する名峰・筑波山の近くになぜか集中。世間に○○富士の別称をもつ山は多いが、その類ではなく、ズバリ「富士山」なのである。それらをめぐるうち、さらに富士関連の地名に次々と出合うことに……。

筑波山麓は「富士」だらけ①――八郷町

富士山がある場所は筑波山の東にある八郷《やさと》町（現・石岡市）、その北東の笠間《かさま》市、友部《ともべ》町（現・笠間市）である。標高はそれぞれ一五二メートル、一八三メートル、一二八メートルと低く、いずれも「ふじやま」と読む。なぜ複数の、しかも小さな山が富士山なのだろう。おまけに、筑波山周辺の市町

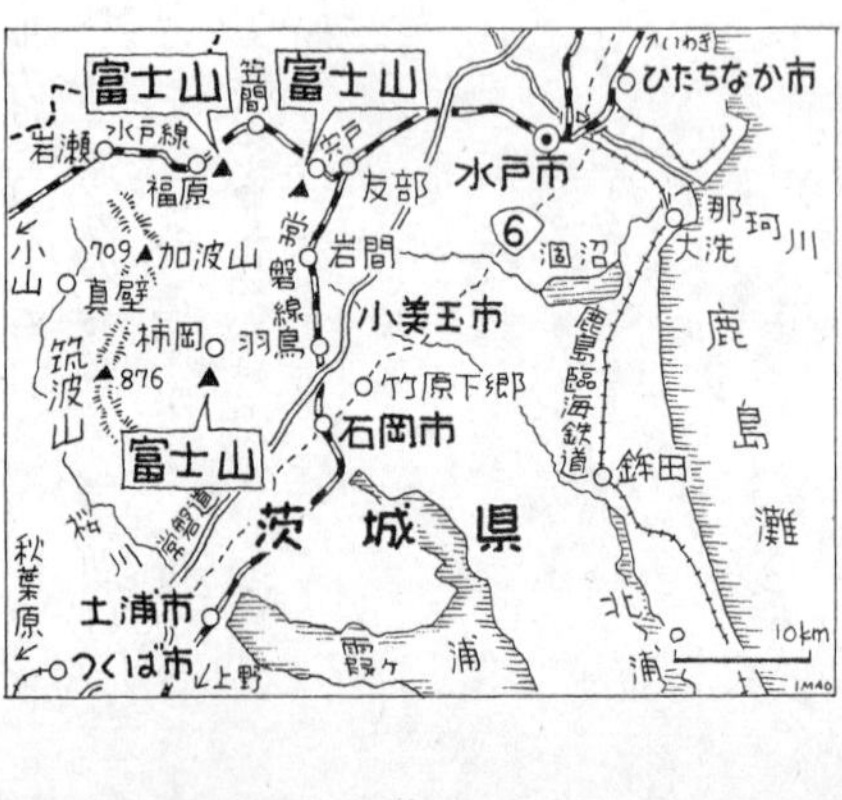

村の地名を調べてみたが、小字《こあざ》の地名に「富士」のつくものがやたらに多いことも判明した。これは行かねばなるまい。

まずは、東京に最も近い八郷町の富士山へ行ってみた。町の中心・柿岡へ行くバスに石岡から乗って約二〇分、この路線では下林《しもばやし》バス停が「登山口」となる。

バスを降りて西へ農道をたどると、正面に筑波山が迎えてくれるが、その左手前になだらかに楯を伏せたようなのが富士山だ。「丘」といったほうが適切かもしれない。筑波と「富士」を正面に見ながら田んぼのまんなかの道をまっすぐ歩き、恋瀬《こいせ》川という情緒ある名の川を渡ると突き当たりが金指《かなさし》の集落だ。

ここから西へ細道を入り、小さな古いお堂を横目に登っていくと畑に出た。地形図に破線で描かれた細道をたどれば山頂まで楽勝と思いきや、道は途中でなくなっていた。いつの間にか方角もそれている。

そんな場合は引き返すのが登山の基本だろうが、この程度の「丘陵」ならなんとかなるさ、とコンパスを頼りに無理やりヤブ漕《こ》ぎし、なんとか目指す尾根道に出ることができた。

［交通］富士山（八郷町＝現・石岡市）▼ＪＲ常磐線石岡駅より関鉄グリーンバス柿岡方面行き約20分下林下車西へ約2㎞／富士山（笠間市）▼ＪＲ水戸線福原駅の南東約1.2㎞／富士山（友部町＝現・笠間市）▼ＪＲ水戸線宍戸駅の南西約1.7㎞

富士山はピークが東西二つあり、東峰は三角点のある一三三五・八メートル、西峰は神社のある一五二二メートルが頂上となっている。山の成り立ちは素人には想像がつかないが、ここ一帯の「柿岡盆地」には、このように取り残されたような山がいくつもある。長年の侵食がもたらした「残丘《ざんきゅう》」だろうか。明治三三年（一九〇〇）発行の吉田東伍『大日本地名辞書』には「古生層盆地に迸発したる旧火山に似たり」とあるから、ひょっとして古い火山なのかもしれないが。

ふたたび若干のヤブ漕ぎを経て到着した山頂の祠はごく小さなもので、それでも「横室神社」と簡易な扁額《へんがく》に墨書されていた。昭和参拾壱年五月吉日とあるので、少なくともその年代にはまだ参る人がいたのだろうが、世の流れか、今では羽目板は外れ、風雨が容赦なく入り込む状態となっている。

西麓の須釜《すがま》へはスンナリと降りられ、そこから北上、柿岡の町へ行くことにした。その前にご近所の気象庁地磁気観測所を通って行くことにしよう。この観測所は大正二年（一九一三）から一世紀近くも地磁気を観測している「老舗」で、その成果は火山噴火や地震予知の研究に役立っている。

現在では「地球を取り巻く赤道環電流の強さを示す指数を決定するための、世界で4カ所の地磁気観測所の一つ」（同観測所HP）である。その精密な観測に影響しな

恋瀬川の東から望む筑波山と八郷町の富士山。双耳峰で知られる筑波山だが、ちょうど男体山が隠れて「単峰」に見えた

八郷富士山の頂上にあった小祠。由来を調べると……

いよう、常磐線を電化する際には取手以北を交流電化した(直流電化は、沿線に変電所が多数必要なのだ)。ちなみに、平成一七年に開通した「つくばエクスプレス」も守谷駅以北は交流電化である。

富士山《ふじやま》の麓から地磁気観測所を通って柿岡へ抜けるルートは小径ながら近道で、畑と森を抜ければすぐ観測所、のはずだったが、実は迷ってしまった。また道がなくなってしまったのだ。

体勢を立て直して気を鎮め、確信をもって細道をたどり始めたら、今度はやけに勾配が急になった。地形図で確かめると、いつの間にか富士山を北麓から登り始めているではないか。ゾッと背筋が寒くなるような感覚を味わったが、結局は来た道を引き返し、柿岡の町へたどり着くことができた。もしや観測所のまわりには人を惑わす妙な地磁気が渦巻いているのだろうか、などと自分の読図の失敗を棚に上げつつも、疑問符がなかなか抜けなかった。

柿岡では八郷町役場(現・石岡市役所八郷総合庁舎)へ行ってみた。例のやたらに多い「富士」のつく小字の実際の位置を調べるためだ。ところが役場には小字を網羅した地図はない、という。なぜなら八郷町の小字は非常に細かく、山林でなくてもわずか一筆《いっぴつ》(土地所有上の最小区画)で一つの字、というのも珍しくないらしい。農村部の小字は少なくとも数ヘクタール程度はある、という私の固定観念はひっくり返された。

それでも小字のリストを見せていただくと、大字別のズラリと並んだ小地名は壮観で、ざっと数えても八郷町全体では三五〇〇ほどはある。人口で割れば住民八～九人で一つの小字を抱えている計算だ。字は耕地だけの場合も多いから、京都旧市街の小さな町とは単純に比べられないが、地名の宝庫であることは間違いない。

この膨大な小字リストのなかから富士関係をピックアップしてみると、まず大字柿岡に冨士谷と根冨士、須釜に冨士山、ほかにも冨士上、冨士山、冨士の越、富士峯など（富と冨の字が混在）、合計一〇カ所もの小字が確認できたのは収穫だった。

筑波山麓は「富士」だらけ②――友部町

翌日は友部《ともべ》の富士山《ふじやま》へ行った。笠間《かさま》市本戸《もとど》の富士山はＪＲ水戸線の福原駅の近くなので車窓から眺めただけだったが、実は数日前に別の用事で近くへ来た際に麓まで行ってきた。地元の人が、ほとんど誰も行かないから道があるかねえ、と話していたので登らなかったが、地元のおばちゃんが「オフジヤマ」と呼んだのが妙に印象に残っている。あとで考えると、これがナゾ解明のカギだったかもしれない。

友部町（現・笠間市）の富士へは水戸線の宍戸《ししど》駅で降りる。宍戸は今や駅名のみの存在だが、約半世紀前までは宍戸町という自治体であり、さらに江戸期までは宍戸藩の「城下町」だった。

目指す富士山は笠間市の端から友部町に入ったあたりになる。涸沼《ひぬま》川に沿って少し遡ると下加賀田《しもかがた》の集落だが、そこから川沿いの細道をたどった。しかし結局はまた道が消えていて、道半ばで引き返した。

この富士山について、後日国土地理院の「点の記」*を調べたら、三角点は三等で点名は「向峰《むこうみね》」、所在地は「大字下加賀田字石倉山五五一番地」となっていた。また「俗称・富士山」の記述もある。ここにはジープで頂上までたどり着けることが書かれていて、それなら別のルートを考えればよかったか、などと思ったが後の祭りだ。

麓の国道まで戻ったときに自動車整備工場のご主人らしき作業着の人に聞いた。

「以前は、フジヅルの藤という字で、藤山と書いたらしいですよ。だいぶ以前に年寄りに聞いた話によればね。読み方はフジサンではなくフジヤマ」

「点の記」に記されている向峰というのがひょっとして正式名称なのだろうか。いや、山名には「正式」などないはずだから、いろいろな名前をもつ山なのかもしれない。

それにしても山頂の住所の字が「石倉山」となっているし、おじさん説に従えば藤山

＊三角点・水準点など基準点のプロフィール。地方測量部やWeb上でも閲覧可能。

だし……。はっきりしない実際の山容そのままに、捕らえどころのない富士山であった。

それはともかく、前夜に地図を凝視していてたまたま発見した南隣の岩間町（現・笠間市）にある「ふじやま運動公園」へ行ってみることにした。富士関連小字《こあざ》の大量発生地帯ゆえに、何らかの手がかりがつかめるのではないか、との淡い期待からである。岩間駅から東へ向かうバスの時刻はインターネットの茨城県バス路線サイトで調べ済みだったが、ちょうどいいバスがなかったのでタクシーで数キロ、上押辺《かみおしのべ》へ向かった。

曲松《まがりまつ》というバス停近くで車を降りた。県道を外れ、ホルスタインが草を食む牛舎を横目に台地へ登るあたりに野球のバックネットつきのグラウンドがあった。これが「ふじやま運動公園」であるが、一歩足を踏み入れて思わずおおと叫んでしまった。冨士浅間《せんげん》神社が鎮座しているではないか。

富士講である。富士講とは江戸時代に爆発的に流行した庶民の富士信仰にかかわるもので、庶民は少しずつ貯金して何年かに一度、富士山を目指したのである。「信仰」を看板に物見遊山できる魅力もあって、関東を中心に富士講はアッという間に広まったのだが、その拠点が木花開耶姫命《このはなさくやひめのみこと》を祀る「浅間神社」だ。境内には「富士塚」

という小さな築山が盛り上げられ、女性や老人など富士登山がかなわぬ人々が、ここへ登ることによって富士への代参とした。

その富士塚らしき形のいい小山が、運動公園の冨士浅間神社にはあった。近所の人に聞くと、そのとおりの築山だという。周辺にはそんな塚がたくさんある、という話を聞いて、筑波周辺に分布する富士関連の小字の多さも納得できた。事前の調べでは、大字押辺には位置は不明ながらも富士、富士上、富士下の三つの小字があることになっていたから、まず富士塚に相違ないだろう。

冨士神社――江戸時代の山岳信仰・富士講にちなむ地名群

教えてもらった別の小さな神社へ行って庚申塔などを覗いていると、いつの間にか地元の方とおぼしき男性が近づいてきた。「実は私もこういうのが好きで……」という。富士山にちなむ地名を探していて、近くの「富士池」へ行くつもり、と白状したところ、そんならクルマに乗れときた。彼は工務店の社長さんだ。

「いやあ、この辺は歴史的にとても面白い地域でね。昔の岩間町には寺が今よりたくさんあった。常陸《ひたち》の国府も近いし。私も古い寺や神社を訪ねるのが好きで、坂東《ばんどう》三十三か所、それに秩父の三十四か所も回りましたよ。いずれは四国の八十八か所をと思っているけれど、カネとヒマがないとね」

クルマだと富士池はすぐだった。残念ながら池の名を記した看板もなく、ヘラ鮒《ぶな》を狙う平日釣り師がたたずむのみ。ついでにもう一カ所地図で見つけた「冨士神社」の近く、美野里《みのり》町（現・小美玉《おみたま》市）の竹原下郷《たけはらしもごう》まで乗せてくれるというお言葉にも、つい甘えてしまった。

「このあたりで旧家の解体なんかすると、蔵からすごいものがいっぱい出てくる。戦前の新聞だとか雑誌。これが嬉しいんですよ。ください、というわけにもいかないけれど。嫁入りと葬式のときにしか開けない、立派な玄関のある旧家があったり。でも蔵のなかを見せてください、と頼むわけにもいかなくて……」

地元の歴史に興味をもった人たちが地方の要所要所にちゃんと存在する。それが日本の底力なのだなあ、と話を聞きながら思った。茨城を誇りに思っているのがわかり、私の祖父がすぐ近くの出身であることもあって、なんだか嬉しくなった。

「このへんは、温かい地方の作物も寒いところの作物も穫れる。ミカンもリンゴもね（八郷《やさと》町がミカン栽培の北限地）。コメは新潟や庄内がいいというけれど、やっぱり茨城のコシヒカリがいちばんでしょう」

そういえば、わが家でヒイキにしている生協の納豆も実は八郷町産で、自然な味がずっと気に入っている。

竹原下郷で降ろしてもらった。ここから花野井の冨士神社は距離もわずかだ。細長く水田になった小さな谷へ下り、台地へ上ってまた次の谷へ下りると、突き当たりの南斜面が冨士神社だった。

石碑には思ったとおり「木花開耶姫命《このはなさくやひめのみこと》」が祀られている旨彫られていた。やはり富士信仰にちなむ神社だった。江戸時代の最盛期には関八州《かんはっしゅう》で「八百八講」に及んだという富士講のことだから、常陸国のこの村に冨士神社があって一向におかしくはない。たまたま小《こ》字《あざ》の区画が小さい茨城県にあっては富士の名のつく小字が大量に残存しやすかった、というのは納得できる話である。

さて、後日電話で八郷町（現・石岡市）教育委員会に富士山について問い合わせてみたところ、町誌編纂にたずさわっておられる関肇さんに、いろいろなお話をうかがうことができた。

まず膨大な小字の数について。この地方は大地主が少なかったために小規模な区画が多く、それが小字の多さにつながっているのではないか、という。実は、町内の小字は明治以降でも今をはるかに上回る五〇〇〇ほどが存続していたという。

「明治になって消えたのはわずか二〇〇〜三〇〇で、公式にはその後の圃場整備で消

岩間町安居《あこ》（現・笠間市）の富士池。このあたりには小さな溜池が点在する

美野里《みのり》町花野井（現・小美玉《おみたま》市）の冨士神社。小さなお社は村の鎮守の趣だ

水戸街道にほど近い中台の火の見櫓。上ればホンモノの富士も見えそう

えて、今は三五〇〇ほどになっています。これらの小字を記録する仕事をもう一五年ほども続けていますが、完成はまだ先の話。最も小さな小字はわずか一坪というものさえあるんですよ」

八郷の富士山も、もとは鼓ヶ峯という名前だったそうだ。柿岡のほうから見ると鼓の形に見えるからだという。それが山頂に富士の神様、木花開耶姫命を祀った浅間神社が鎮座してから、いつしか人々から富士山と呼ばれるようになり、それが明治時代に陸地測量部（国土地理院の前身）の地形図に掲載されて「正式名称」的になったらしい。なお、山頂で見た横室神社は、もとは麓の須釜にあったのを合祀したという。神社のあった狭い一角が実は「富士山」という小字で、柿岡の小字「富士谷」も、やはり北麓の谷につけられているそうだ。やっと雲が晴れた気分である。

富士関連の小字名と浅間神社の関係については、石岡の市立図書館で購入した『石岡の地名』（市教育委員会編）が役立った。やはり石岡市内にも富士関係の小字がいくつかあるのだが、そのうち現在の総社二丁目の小字「富士」の欄にこんな解説があった。「総社宮と道を隔てて相対している南方の丘で、俗に〝お富士山〟といっている、浅間神社と称する祠があり、昔は、毎年秋の彼岸には盛大に祭事が行われ……」。やはりそうか、笠間《かさま》市の富士山でおばちゃんが「オフジヤマ」といっていたのは、まさに富士信仰ゆえの「お富士」なのだろう。

富士講は関八州だけでなく、北海道から鹿児島まで広がったという。フジヅルの山も富士講の山も、富士山に似た山も、それから富士見町や富士見台に至るまで、思えばこれだけ人心を惹きつけ、各地に地名を刻ませた山はほかにないだろう。

耳、白兎──神話のふるさとに残る物語地名［鳥取県］

鳥取県東部は旧・因幡国《いなばのくに》である。ここには神話の「因幡の白兎」にまつわる、その名も白兎《はくと》という地名がある。県西部の伯耆国《ほうきのくに》には謎の地名・耳《みみ》。ウサギとミミの地名の背景にある物語を求めて、特急「スーパーはくと」に乗った。

耳──伯耆国の「耳」地名の謎を探る

山陰は神話のふるさとである。なかでも「因幡の白兎」といえば誰もが知っている物語だ。オキの島に住む白ウサギが陸へ渡りたくなり、ワニザメに「君たちが何匹いるか数えてやろう」とだまして海に並ばせ、背中伝いに陸に渡ったのだが、渡り終える直前に「やあい、ほんとうは渡りたかっただけさ」と口を滑らしてしまう。コケにされたワニザメ

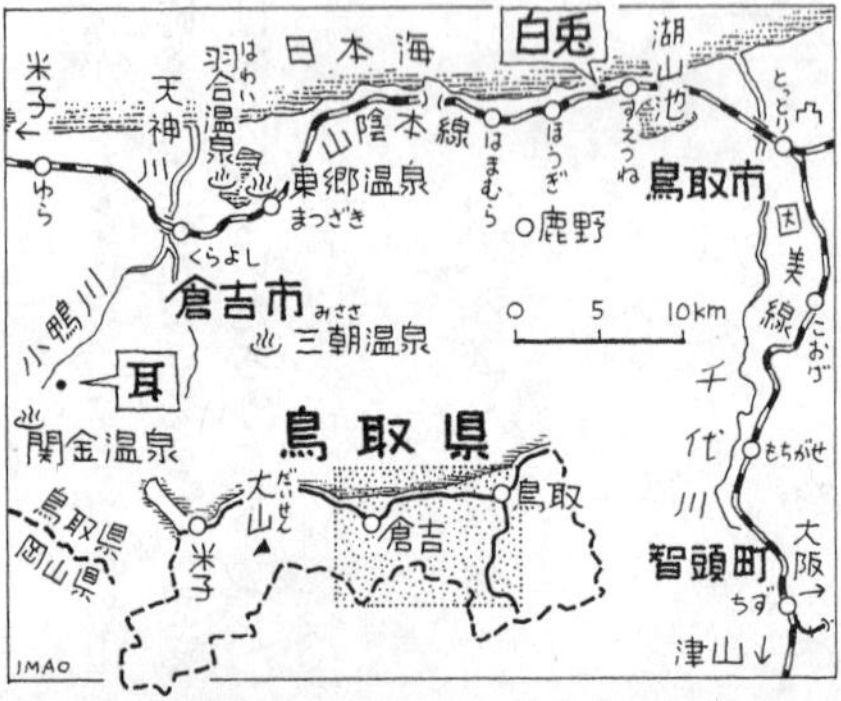

はウサギをとっつかまえて皮を剝ぎ、赤裸に。

そこへある神様が通りかかり、海に浸かって山の上で伏していれば治るさ、などといい加減なアドバイス。そのとおりにしたウサギはこの上ない激痛ヒリヒリで悶えていた。そこへ今度はわれらが大国主命《おおくにぬしのみこと》が通りかかり、真水で洗ってガマの穂にくるまっておれ、と正しい治療法を伝えた。誰もが幼時に耳にした話だろう。

鳥取市西端の海沿いにはその白ウサギを祀った白兎神社があり、その前に白兎海岸が広がっている。住所もズバリ鳥取市白兎。いずれも読み方は音読みのハクトで、ついでながら、京阪神方面からこの鳥取へ突っ走る特急も「スーパーはくと」と称する。今は平仮名だから、これが白ウサギとは知らずに乗っている人がいるかもしれない。昔は漢字表記の急行「白兎」があった。

もちろん今回の取材も「スーパーはくと3号」で、終点の倉吉まで行った。倉吉は因幡でなく伯耆国だが、実は倉吉市の南端近くに耳という地名があるのを発見して、これは白兎と一緒にぜひとも訪れてみたいと思っていたからだ。まったくの私事だが、つい最近、飼っていたウサギが死んだ。近くの雑木林に捨てられていたのを息子が拾ってきたもので、白兎ではなく白黒の二色。「ミミ」という

［交通］耳▼ＪＲ山陰本線倉吉駅より日本交通バス関金温泉方面行き35分耳下車／白兎▼ＪＲ山陰本線末恒駅下車国道9号を西へ約1.8㎞

名前であった。

駅からだいぶ離れた倉吉市街を抜け、今はなき国鉄倉吉線のルートに沿って小鴨《おがも》川沿いを南西へ向かう。山が少し近くなってきた耳のバス停で降りると「みみろくさん」の真っ赤な幟《のぼり》がはためいていた。案内柱には「耳病万能」とある。三〇戸ほどの集落が田んぼの向こうに固まっていて、落ち着いたたたずまいを見せている。小公園があって、そこに鉄骨を組み合わせて白く塗った耳の字が立っていた。上に電灯がついていたから、夜はライトアップするのだろう。国道沿いに浮かび上がる耳の字は、ずいぶんと不思議な光景かもしれない。

「みみろくさん」こと弥勒《みろく》堂へ行ってみた。堂の前にはたくさんのお椀が鈴なりに下げられ、それぞれに「耳の病気がよくなりますように」など弥勒菩薩にすがる思いが記されている。

ちょうどお彼岸の中日だったので堂は開放され、お当番の数人が詰めていた。昭和四年巳年の生まれだから一筋縄ではいかぬという旦那が、昼間から赤い顔で「上がっていけ」と手招きする。遠慮なくお邪魔すると堂の奥には弥勒菩薩が安置され、たくさんの供え物が並べられていた。バスで来たのか、それならとワンカップ大関を私に勧めながら、おじさんは弥勒堂の由来について説明してくれた。

白兎海岸とウサギが住んでいた淤岐島《おきの》。陸までは意外に近いが、間にはワニ膚状の岩礁が……

耳は小鴨川《おがも》に面した静かな農村

耳病快癒を祈るお椀がたくさん吊るされた「みみろくさん」には遠方からの参詣も多い

「そもそも菩薩は百何十もいるけれど、なかでも弥勒菩薩はエライ。十何番目だからな、会社でいえば部長級。これをな、天保年間、オレが小学生の時分に（あれ？）、広瀬というところの廃寺にあったのを、ここに移したのが始まり」

耳地区で穫れる柿は最高にうまい、という。〝耳カキ〟か、と感心していると、外へ出さないので残念ながら東京人の口には入らないらしい。でもちょっと昔、東京で中曾根・レーガン会談があったとき、ここの柿を出したほどだそうだ。それにしても弥勒さんにお供えしていたオコワまでいただいてしまった。さぞ霊験あらたかに違いない。正しく聞く耳をもった人間になろう。

翌日は朝から白兎行きを予定していたが、朝食前から本降りになったので鳥取県立図書館での地名調査に変更。地名のコーナーは充実していたが、耳についてはあまり手がかりがない。『角川日本地名大辞典』にあたってみると、巳年氏の言うとおり、東隣の広瀬村（現・倉吉市）から弥勒様を迎えたことが記されていた。どんな難病でも治るといわれ、その弥勒様が「みみろくさん」となり、村名に転じたとある。平凡社の『鳥取県の地名』にも村名が弥勒にちなむという紹介がされていた。

耳の集落では昨日その由来について別の話を聞いていた。ここへお嫁に来て六〇年という女性によれば、だいぶ以前に地元の年寄りから聞いた話として「地形が耳のようになっているから」とのこと。なるほど山裾の地形が弧状になっていて、こちらのほうが地名辞典類より信憑性が高そうだ。これなら「耳の弥勒だから、みみろく」が自然に腑に落ちる。

白兎――白ウサギの足跡を追いながら「サメ族」との関係を考える

耳行きの翌日、お昼近くにようやく小降りとなったので白兎に向かうことにした。鳥取から普通列車で三つ目の末恒《すえつね》駅から西へ歩く。このあたりは伏野《ふしの》というが、大国《おおくに》主命《ぬしのみこと》が通りかかったとき、ウサギが痛みに泣き伏していたところのようだ。国道9号の末恒以西はバイパスもないので交通量が多い。地形図で旧道を見つけてそちらを歩くと、たちまち昭和三〇年代の風景に戻ってホッとする。

末恒駅から二キロ程度で白兎の集落に入った。実はこの白兎という地名は戦後生まれだ。昭和二八年まで気高《けたか》郡末恒村内海《うつみ》といったのが、鳥取市に編入されて改名、一気に「鳥取市白兎」と住所が変わったのである。とはいえ白兎神社は創建の時代もわからないほど古いというし、白兎海岸は鳥取を代表する海水浴場として大正時代から知られている。白兎の地元のお年寄りに聞いてみたが、内海の地名を残せ、というような声は特になかったという。

白兎という駅も山陰本線に存在した。大正一四年（一九二五）の夏に開業し、廃止が昭和四四年である。ただし当初から仮駅で、夏の海水浴シーズンだけ列車が停《と》まったようだ。戦前の地形図を頼りに白兎駅跡へ行ってみたが、痕跡は何も発見できなかった。それでも近くで畑仕事をしていたおじさんは、

「そう、ちょうどそのあたり。ホーム一本だけの小さな駅で、田んぼのなかを通って白兎神社へ抜ける道があったんですよ。昔はみんなその道を通って海水浴へ行ったもんだ。でも歩くと少し遠いからね、今はみんなクルマだから」

そんなわけで駅は復活しないままだが、駅が開設された年の夏には一日平均一四〇〇人が利用したというから、相当なものだ。

帰りがけにふと山陰本線のガード脇を見ると「身干山《みほし》五輪塔群」という案内板が目に入った。赤裸となったウサギが身を干していたとされる砂山だったが、昭和四七年頃に砂の採取で姿を消してしまったそうだ。由緒ある山をビルか何かの骨材にしてしまう神経はさすが高度経済成長期だが、なかから五輪塔や宝篋印塔《ほうきょういんとう》、それに古墳時代の石棺や人骨、土器なども出土したという。古代から中世までずっと埋葬地であった歴史を考えると「身干山」という名は少し謎めいている。

白兎の集落に戻って白兎神社へ行ってみた。ここの社叢はタブノキやシイ、トベラ

照葉樹の杜に囲まれた白兎神社の社殿。どこか神さびた空気が

雨の旧道を歩いていたら特急「スーパーはくと」が脱兎の如く通過した

白兎集落のポスト。白兎郵
便局がないのが残念

などの照葉樹が密生していて国の天然記念物となっている。鳥居脇にはガマが植えられ、神話での役割が解説してあった。見るからに神様の鎮まっていそうな森の参道を抜けると、思ったより小さいけれど立派な造りの白兎神社がある。一歳九カ月ほどで夭逝したわが家の白黒兎ミミちゃんの冥福を祈って、静かに拍手《かしわで》を打った。

それにしても、ウサギの皮を剝いだワニザメというのは何だろう。ワニと聞けば現代人はナイル川やアマゾンのアリゲーターやクロコダイルを想像してしまうが、日本でワニといえばサメまたはフカだ。でも私が幼い頃に見た絵本には確かにクロコダイルが描かれていた。出雲《いずも》の一部では今もサメのことを「ワニ」と呼ぶ地方があるというから、やはりサメだったのだろうか。

民話の専門家にいわせれば、陸の小動物が水中の動物をだまして川を渡る話は東南アジアなどに広まっているそうで、日本にもそれが伝わったらしい。これに従えば、ほんとうはサメでなくてやはりクロコダイルということになる。

また、古事記に載っているだけあってこれは単なるお伽話ではなく、昔むかし海民たるワニ族と農耕民のウサギ族が争った歴史をひそかに物語っていると見る人もいる。物語がウサギの側に立っているのは、やはり農耕定住タイプのウサギ政権が伝える歴史だから、ということになるのか……。

因幡《いなば》の白兎と伯耆《ほうき》の耳、どちらも神話のふるさとならではの霞のかかった結末となってしまったが、そのくらい謎に包まれていたほうがいいのかもしれない。

納屋、驚、不動堂――納屋また納屋……謎の浜地名を歩く［千葉県］

千葉県の太平洋岸に美しく弧を描く九十九里浜は、その長い砂浜が九九里（古代の一里は六町＝六五四m）あることに由来するという。この浜沿いには「納屋《なや》」のつく地名が延々と続いているが、これは「漁具小屋集落」である。かつてイワシ漁で栄えた浜の村々を歩いた。

九十九里浜の納屋地名――天然ガス「名産地」のオドロキ地名①

九十九里浜といえば、サーフィンだろうか。それにテニス民宿が多かったりもするから、若いモンが集まる印象はある。しかし地図で海岸沿いを見ていただきたい。○○納屋という地名がたくさん並んでいるのにお気づきだろうか。これは人文地理をやっ

た人の間では有名な「納屋集落」であるが、実際にはどんなところなのだろう。納屋集落はイワシの地引き網漁が盛んになった江戸時代中期から、海辺に漁具を置く納屋が建てられたのが始まりで、それがだんだんに定住化していったのだという。このような集落は九十九里浜沿いに南の長生《ちょうせい》村から銚子の手前の旭市あたりまでずっと続いていて、北のほうへいくと納屋ではなく「〇〇浜」と称するなどのバリエーションが見られる。

今回は南端の幸治《こうじ》納屋から納屋集落づたいに北上してみよう。

幸治納屋は茂原《もばら》市の東に位置する白子《しらこ》町域だが、いかにたどり着くべきかと道路地図を眺めていたら、隣の長生村に「鷲」という地名を発見してオドロいた。大字《おおあざ》がズバリ鷲《おどろき》なのである。しかもバス停は鷲高《おどろきたか》という。まさに「仰天」の印象であるが、この「高」がクセモノではないかと地形図で周囲を見回すと、あちこちに地名の後に「高」のつくものがたくさんあるではないか。

つまり、たとえば「鷲」という大字には古い村である「鷲高」と、浜に新たにできた「鷲納屋」があり、「高」のつくほうを、納屋に対して「岡」というらしい。

二万五千分の一地形図から「納屋」のつく地名をリストアップしたら、こん

［交通］鷲（長生村）▼ＪＲ外房線茂原駅より小湊鐵道バス白子車庫行き約15分鷲高下車／片貝▼ＪＲ東金線東金駅より九十九里鐵道バス片貝駅行き32分片貝下車

なにあった。

幸治納屋、中里《なかざと》納屋、鷲納屋、八斗《はっと》納屋、五井《ごい》納屋、剃金《そりがね》納屋、牛込納屋、浜宿《はましゅく》納屋、真亀《まがめ》納屋、不動堂納屋、西野納屋、藤下《ふじのした》納屋、粟生《あお》納屋、荒生《あらおい》納屋、小関《こぜき》納屋、本須賀《もとすか》納屋、白幡《しらはた》納屋

鷲高のバス停が見たくなって、外房線の茂原駅から歩くことにした。結果的には九十九里町の片貝《かたかい》まで二〇キロ以上をほとんど歩き続けることになったのだが、その片貝の先の小関という村（現・九十九里町小関）は、かの伊能忠敬《いのうただたか》の生家のあったところであり、この「四千万歩」の大先生に比べれば二〇キロや三〇キロの歩きは歩いたうちに入らない、ということで茂原からの徒歩行とあいなった。

「鷲」という地名は『日本地名ルーツ辞典』（創拓社）にも載っていて、「海岸に打ち寄せる波濤がトドロクので、これがオドロキに転じたものだろう。太平洋の大波が九十九里浜の中心部に押し寄せる、波音のものすごさが察せられる地名である」とあった。等々力《とどろき》というのが東京の世田谷区にあって、こちらは等々力渓谷の水音がその起源とされているが、それと同類らしい。

隣接する2つの集落、ハッとオドロキ。なんともできすぎだ

海岸近くの林のなかにあった天然ガス井。地図上で「井」の印

シーズンオフの九十九里浜はただ茫漠

しかし、浜で波濤が聞こえるのは当たり前ではないか。それより、畑の土のなかから突如として天然ガスが噴出、仰天した人がそう名づけたという珍説はどうだろう。自転車のおばちゃんに聞いてみると、

「私はここでおぎゃあって生まれてずっと住んでるけど、どうして驚っていうのか、わかんないねえ。そう、ここが驚高、浜のほうが納屋。ここいらはみんな高と納屋」

と短く切り上げて去っていった。

ここ茂原は新潟と並ぶ天然ガスの「名産地」だ。地形図にはあちこちに「油井・ガス井」の記号があるが、この記号がこれだけたくさん見られる地域は珍しい。実際、このあたりではガス井から地中の天然ガスを採取して各家庭や工場に供給しており、ガス代も割安という。少なくとも白子町は自前の天然ガスで自給している。東金《とうがね》で乗ったタクシーの運転手さんの話によれば「自前で井戸を掘って、たまたま当たれば一生タダでガスが使える家も」とのことだった。

「おどろき荘」なんて海の家の看板の立つ交差点で旧街道を左折、ここから納屋集落を貫いて走る「納屋街道」を一路北上する。

白子町はテニス民宿の本場で、昔は畑であったと思われるあちこちにテニスコートが広がっている。ちょうど連休中とあって、合宿の大学生らしきテニスウェア集団が

三々五々昼食に帰ってきた。かつては民宿がメインだったが、「最近は若いモンもゼイタクになってねえ、高層の観光ホテルに模様替えしたのよ」という状況もあるらしい。

ふと地形図を見ると、ガス井の記号が間近にあることがわかり、さっそく見に行った。松林のなか、フェンスで囲われた敷地にはヤグラのようなもの、パイプのついたタンクのようなもの、物置小屋のようなものが集まっていて、機械がウンウンと唸っていた。モノがモノだけに、赤字で「火気厳禁」「立入禁止」の札は説得力がある。

片貝にほど近い小関集落に、伊能忠敬が子ども時代を過ごした家の跡地がある

それにしても、納屋集落の家は立派だ。イワシ御殿、というわけではないだろうが、関東風銭湯にみられる立派な「てりむくり」の本瓦屋根の見事な構えである。地誌の本には「本村の家々より納屋の村のほうが敷地が狭くて家も小さめ」とあったが、先入観なしで見れば、岡も納屋も大きな屋敷である。東京近郊の平均的な住宅地など、これら納屋集落の家よりはるかに狭いこと

だけは確かだろう。

浜宿納屋から先の大網白里《おおあみしらさと》町域には「納屋」のつく地名が見当たらないので、ちょっと内陸へ入って「元禄《げんろく》津波の碑」を見に行った。ちょっと雨がパラついてきたので、忠敬先生には悪いが、たまたま来た大網駅行きのバスに三キロほど乗り、西今泉で下車した。ちなみに大網駅のある大網白里町は昭和二九年（一九五四）に大網と白里の両町（ほか一村）が合併して誕生したものだが、白里は九十九里を意味する。そう、「白寿」と同じで百から一をとったら九十九、なのだ。

北今泉の津波の碑は、今からほぼ三〇〇年前の元禄一六年（一七〇三）に起こった関東南部の大地震の際に、四～八メートルという大津波に襲われて亡くなった六三人を供養するもので、畑と集落に囲まれた静かな墓地の一隅にあった。「妙法　海辺流水六十三人精霊　奉唱題目壱千部」、どうにもならない大きな自然の力で命をもっていかれてしまったことへの鎮魂である。「題目」とあるが、なるほど千葉県は日蓮宗が多い。

津波の碑からふたたび海へ向かっていくと真亀川にぶつかり、ここから九十九里町に入る。川には龍宮橋というのが架かっていた。渡る手前が龍宮神社である。まさに「浦島太郎」だが、神社というにはあまりに小さな祠があるのみ。境内だけは広いから、昔は拝殿があったのだろうか。片隅には貝殻がついて錆びた漁船の錨が打ち捨てられており、これがまた浦島伝説を思わせる。人に聞こうにも周囲には誰もおらず、説明板も何もなかった。

謎めいたまま浜に近づくと、もとの街道に戻った。ここは真亀納屋である。それにしても集落がほとんど途切れずによくこれだけ続くものだ。このあたりから大字が頻繁に替わる。不動堂納屋、西野納屋、貝塚納屋、藤下納屋、粟生納屋と立て続けに納屋地名が並んでいるのだが、わずか数百メートル幅ずつでもと、各村が競って浜へ手を伸ばした結果なのだろう。そんな大字のひしめき方を見ると、九十九里のイワシ地引き網漁がこの地にいかに富をもたらしたか、ということを実感できる。

不動堂の地名のいわれは角川書店の『角川日本地名大辞典』にも載っていた。いわく、石橋山合戦（小田原付近）に敗れた源頼朝がここへ逃れ、里人に村の名を尋ねたところ、なぜか建物の名を訊かれたと勘違いして「はい、不動堂です」と答えた。それが村名と記録されてしまったという。メキシコのユカタン半島の由来が、地名を尋ねた質問を先住民が聞き取れず、「何ですって《ユカタン》？」と聞き返したのが地名になった、というエピソードを思い出してしまう。

でも、不動堂はもうひとつの話のほうが知られている。関東サツマイモ発祥の地だというのだ。青木昆陽（甘藷先生）が救荒作物としてのサツマイモの優位性を説いた本を著したところ、八代将軍吉宗がえらく感動し、さっそくイモを植えてみよ、ということになり、幕張《まくはり》（あのメッセがあるところだが、当時は馬加と書いた）と、この不動堂で実験したのだそうだ。

それが成功、本格的に導入されるのだが、当初このイモのことを知らなかった農民は、実が蔓にぶら下がるものと思い込んでいたため、いつまで経ってもならないので失望し、捨ててしまえと引っこ抜いたところ、地中からイモがゴロゴロ現れ、みんな感動した！　という話が伝わっている。

九十九里浜の納屋地名②――江戸期の衣料革命を支えたイワシ漁業

九十九里浜に延々と連なる「納屋《なや》集落」の中心に位置するのが片貝《かたかい》である。現在は九十九里町の中心地で、昭和三〇年の合併までは片貝町であった。また昭和三六年までは東金《とうがね》線の東金駅から軽便鉄道の九十九里鐵道がこの片貝まで来ていて、八・六キロの路線を小さなガソリン気道車が二八分かけてのんびり結んでいた。廃止以来ずっとバスなのだが、会社は今なお九十九里鐵道を名乗っており、四〇年以上前に片貝駅のあった場所はそのままバスの車庫と停留所として使われている。停留所名は今なお

ぞくぞくと現れる納屋集落のバス停。
大字にひとつはバス停を、ということ
なのか、その間は300メートル前後

「片貝駅」という。

片貝駅から少し西へ行った県道との交差点前の魚屋「やぶ」のおやじさんに、列車が走っていた当時のことを聞いた。

「とにかくここは一等地でね、駅を降りた人はみんなここを曲がって海岸へ行ったんだ。そこはアイスキャンデー屋だったし、その角には映画館があってね、演芸なんかもやっていて、当時のスターがよく来たもんだよ」

映画館があったというところは駐車場となり、その向こうは立派な黒瓦ながら壁にトタンが貼りつけられた沈黙家屋と化していた。駐車場がないからねえ、このあたりは……。魚屋なのになぜ店の名が「やぶ」なのかと聞くと、昭和一〇年頃までそば屋をやっていたからだという。

取材の帰りに乗った五〇代と思われるタクシーの運転手さんにはこんな話も聞いた。

「おれが子どもの頃には、地引き網のときは褌も脱いですっぽんぽんになってやってたなあ。ちんちんの先にワラみたいなのを結んだだけ」

豊漁祈願のような宗教的な意味があるんだろうか、などと思いつつ「九十九里いわし博物館」(注1)へ向かった。九十九里浜へ来たらここへよらないわけにはいかない。例の「片貝駅」から少し西へ入った町役場の隣にある立派な建物だが、魚類としてのイワ

片貝の溺鬼供養塔。海で命を落とした漁師たちを鎮める祠が各所にある

九十九里町北ノ下地区に、江戸時代の納屋の面影を残す家が

シの解説、漁法や船の変遷などイワシの漁業史、九十九里平野の自然地理などが一覧できる。

九十九里浜は隆起海岸で、かつて大陸棚で形成された「砂堆列《さたいれつ》」が微高地となって何列も並ぶ。その上に集落ができ、その列の間の後背湿地が水田となっていった。イワシ漁が盛んになるのは江戸時代の中頃からだが、木綿の衣類の爆発的な普及とあいまって、関西を中心とした棉《わた》の畑に施す速効性のある肥料として大量に使われたのが、イワシを加工した干鰯《ほしか》または〆粕《しめかす》だったのである。ほかにも四国・阿波あたりの藍の肥料としての需要も多かった。

これが農業より儲かるものだから、富農が網元になって地引き網をもち、たくさんの人手を使って大規模に漁を行った。江戸時代の地引き網などというと素朴な自給漁業と思いがちだが、もはや全国規模の繊維工業の一工程といっていいかもしれない。食べるための漁業から衣料革命という、生活をより豊かにするための漁業がすでに行われていたのである。

博物館の永田征子さん（民俗学）にお話をうかがった。地元出身で、九十九里浜でフィールドワークを手がけられた方である。

「当初の納屋集落は、浜の近くに漁具を置く文字どおりの〝納屋〟の集まりだったのが、だんだん二男・三男が定住するようになったんです。だから今でも納屋と岡では産土神《うぶすながみ》（氏神）が同じ。今では岡集落も納屋も一見変わりませんが、祭りで大事な役をつとめるのは岡と決まっています。もし不都合で岡の人がその役をつとめられない場合には欠席にしてでも岡だけでやるんです。

岡の集落にはそれぞれ昔からいくつか決まった名字の家がありますが、納屋集落にはいろんな姓が交じり合っている地区もあります。これはほかの地方の出身者が、人出のたくさん必要な納屋に定着した結果と思われます」

さきほどの素っ裸の件を聞いてみた。

「浜で地引き網の激しい労働をしていると、褌のなかに砂やら塩が入ってヒリヒリするんだそうです。それなら脱いでしまったほうがいい、ということになる。しかし……」

やはりナンであるから保護のために網の一部に使われているワラを抜いてそこに巻くのだそうだ。現地調達である。安易に宗教的なものと結びつけてはいけないのかもしれない。そもそも日本では、裸をそれほど神経質に隠すことはなかったのだ。だから外国に今も残る「裸族」をそんなに特別な目で見ることはないのである。堂々たる裸をさらし、力一杯頑張っていた我らの父ちゃん爺ちゃんたちを見よ！　である。

（注1）「九十九里いわし博物館」はその後、平成一六年七月三〇日、床下に充満していた天然ガスが、燻煙《くんえん》式殺虫剤による引火で爆発、建物の屋根が吹き飛び、壁が崩れる事故があった。そのとき室内にいた永田征子さんは全身を強く打って亡くなった。取材時にとても親切に対応していただいた筆者としてはほんとうに残念だ。心からご冥福をお祈りしたい。博物館は平成二五年一月現在も休館中。

鬼無里、日本記、成就――信州の京風地名の山里を訪ねる［長野県］

信州の山奥の地図を眺めていたら「東京《ひがしきょう》」という地名を発見して驚いた。隣には「西京《にしきょう》」もあるではないか。訪れてみると、この鬼《き》無里《なさ》の地には平安時代に遡る「紅葉伝説」が息づいていた。そして峠を越えた小川村には、日本記《にほんぎ》・成《じょう》就《じゅ》という珍しい地名が。

鬼無里、東京、西京
――平安伝説が息づく山村に残る不思議な地名

一度聞いたら忘れられない地名のひとつに鬼無里村（現・長野市）がある。長野駅からバスで西へ裾《すそ》花《ばな》川の峡谷を遡って約五〇分、空が急に開けたところだ。しかも、この村には東京・西京といった地名があって、ぜひ一度は訪れてみたいと思っていた。

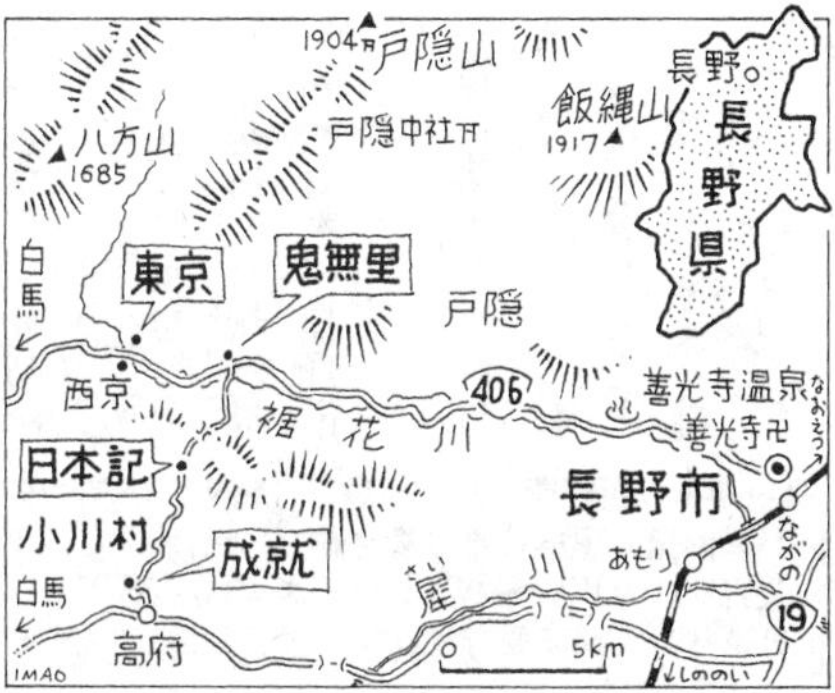

鬼無里の地名の由来を少し調べると行き当たるのが、次のような「紅葉伝説」である。

平安の昔、源経基《つねもと》に紅葉という寵妃《ちょうき》がいた。彼女はもともと超能力的素質をもっており、あるとき正室に呪いをかけた咎により、北信の水無瀬《みなせ》村という山奥へ流されてしまう。これが後の鬼無里村（平成一七年に長野市に編入）である。

ところが村人は彼女を迎え、お内裏様と敬った。紅葉は内裏屋敷と呼ばれる家に住み、村人に読み書きや裁縫を教え、大いに感謝された。彼女は屋敷の東側の地を東京、その西を西京と名づけ、京をしのんで暮らしたという。しかし、京への思い断ち難く、やがて軍勢を集めて上洛することを決意するが、それを察知した都から命を受けた平維茂《これもち》が征伐に向かう。紅葉はこれに妖術で対抗するが、結局は打たれてしまった。

妖術使いの謀反人つまり「鬼」はいなくなり、村名はこれにちなんで鬼無里と改められた。しかし人々に慕われた紅葉である。維茂も遺骸を丁重に葬り、地蔵尊を祀ったという。やがて地蔵堂が建立され、これが現在の松巌寺《しょうがん》の前身となった。本堂には、この伝説をわかりやすく解説した一

［交通］鬼無里▼ＪＲ長野新幹線長野駅より川中島バス鬼無里行き62分鬼無里下車、長野市営バス南鬼無里線に乗り換え約10分西京または東京入口下車／日本記▼長野駅より川中島バス高府行き49分高府下車、小川村営バス（日・祝日運休）大洞高原行きに乗り換え約20分／成就▼同約10分

山の中腹を行く旧道から見下ろした西京の集落。背後は重畳たる山並みが続く。紅葉はそのはるか彼方から来た

信州の山里にある「東京公民館」

「紅葉伝説」を今に伝える松巌寺。境内には「五輪塔」と呼ばれる供養塔が残る

〇枚ほどの絵が、欄間の裏に並べられている。

寺にほど近い鬼無里村歴史民俗資料館（現・鬼無里ふるさと資料館）にも立ち寄ってみたが、祭りで使われる屋台（山車）にまず仰天させられた。村内四地区それぞれの屋台に施された彫刻の見事さは並大抵のものではない。館員さんの説明によれば、その名人は越後・市振《いちぶり》村（現・糸魚川《いといがわ》市）生まれの北村喜代松という宮彫り師で、幕末から明治にかけて活躍した。一本の木から彫り出されたとは信じられないほどの技術だ。精密で生き生きとした竜や鳥、松や牡丹などの造形にしばらく見とれてしまった。その名人芸は日光東照宮の彫刻を手がけた左甚五郎に匹敵する、と評価されているそうだ。

これらの屋台が作られたのは幕末から明治の初めにかけてだが、それほど立派な屋台を集落ごとに、しかも超一流の名人に依頼するのは、経済的にかなり裕福でないと無理だ。「山村は貧しい」という固定観念からは、どうしても絢爛豪華な屋台との接点が見つからない。

実は、これには「麻糸」が大きな役割を果たしている。かつては村のほとんどの農家で大麻の栽培を行っていた。麻薬に使われる果実ではなく、繊維から麻糸を採るためだ。鬼無里村では江戸中期の明和年間（一七六四〜七二）から麻を畳糸に加工する技術が伝わり、その品質のよさには定評があった。昭和三〇年代に化繊の普及で姿を消してしまったが、畳屋さんなら「鬼無里の畳糸」を知らない人はいない、という。

東京まで歩いて行くことにした。資料館から五キロほどだろうか。落ち着いて歩ける旧道を選び、山の中腹の棚田を見ながらの気持ちのいい散歩である。やがてずっと下のほうに西京の集落が見えてきた。おそらく紅葉は都の洗練された美しさをもっていたことだろう。はるか遠い京都への望郷の思いと、そんな貴人を迎えた村人の当惑と喜びはどんなものだっただろうか。

間もなく東京も見えてきた。「東京公民館」などを妙な気分で眺めながら集落のなかを歩いていくと、茅葺き屋根の重厚な家の向こうに加茂神社があった。その傍らの小さな流れを渡った橋に「加茂川」の銘板を見つけて、なるほど京風と感じ入ったものだが、もっと驚いたのは「三条四《よん》条入口」という村営（現・長野市営）バスの停留所だ。

ちょうど電動車でお婆さんが悠然と通りかかったので聞いてみた。「ずっと昔からこのあたりは東京。三条はここで四条はひとつ上の段、五条は少し向こう、二条は下」と教えてくれた。棚田を都の条里になぞらえたのだ。ここまで徹底して京風にしたとは……。

この日は西京にある民宿「むろが荘」にお世話になった。ご主人の室賀三男さんは昔、畳糸を農家から買って東京や大阪に売りに行く仲買人だったそうだ。鬼無里ブランドの畳糸は高く売れたという。

「月給取りなんかより、ずっといい暮らしをしたもんだ」と笑う。「家族が多ければそれだけ労働力があるんだから……」。もちろん子どもも大事な働き手だった。

強風に弱い麻にとって、風の穏やかな鬼無里村の気候が適していた。また雪の降った後に穏やかな晴れ間が続くことも重要だ。雪の上に麻糸を晒すことで糸に光沢が増すのだという。

しかし麻を育てて丈夫な畳糸にするまでの工程の多さとその手間は相当なものがあった。種蒔き、除草、間引き、強風で倒れれば起こす。そして収穫、乾燥。それを特殊なカマで煮て茎と皮を分け、繊維を裂いていく。極細にした繊維の端を撚り合わせてつなぐ。これは熟練した女性の仕事で、麻績《おうみ》という。同じ信州のほど近くに麻績《おみ》村というのがあるが、まさにこの字である。

日本記、成就――当て字の伝統が地名の味を醸し出す

鬼無里村《きなさ》を訪ねた翌日は、峠を越えて南隣の小川村へ行くことにした。大洞峠《おおどう》の向こうには「日本記《にほんぎ》」という不思議な地名がある。室賀さんのご厚意で役場まで軽トラに乗せてもらい、そこから県道を歩いて小川村へ向かった。つづら折りの峠道だ。カーブを曲がるたびに高みを増していく。

畑仕事のおばちゃんが、私が小川村の高府《たかふ》まで歩くと聞いて、「うわあたいへんだね。ここから八キロ以上はあるよ」と驚いていた。でも昔はこのくらいの距離はみんな歩いたはずだ。その日本記からお嫁に来たんだという。

「たしかに日本のつく地名は珍しいね。でも由来は聞いたことがない。そう、このあたりも昭和の三〇年頃までは麻を作ってたよ。主人も仲買人をやってたから。ウチにまだ麻の畳糸がとってあるから、見せてあげようか。すぐ近くだから」

厚意に甘えてお邪魔すると、鴨居に乾燥した状態の麻の繊維が一束、そして畳糸が一束、それぞれ飾ってあった。化繊に駆逐されてしまったとはいえ、おばちゃんも捨てられなかったのだろう。それはそれは手間ヒマがかかったし、村を豊かにしてくれ

た麻なのだから。

村誌などを読むと、麻の加工の仕事は冬の間、近隣の人々が室内に集まってお茶を飲みながら作業をしたという。そこが若い男女の格好の交際の場でもあった。このように高く売れる特産物があったればこそ村が自立でき、職住一致で村の共同体もきちんと機能していた。そして滅多に見られないほど芸術的な屋台を牽く祭りも、可能だったのである。

お邪魔したうえに冷たい缶ジュースを二本もいただいて辞去、大洞峠の手前での一杯は実にうまかった。峠を越えると目の前が開けた。このあたりは大洞高原として小川村が売り込みを図っているようだが、まだ観光地然とはしておらず、畑や牧草地が広がっている。

少し下がった標高九〇〇メートル付近に日本記はある。酒屋さんの前に日本記バス停があったので尋ねてみたが、由来はわからないという。高山寺《こうさん》というお寺に聞けばわかるかも、とのことで訪ねてみたが住職はあいにく外出中だったので後日電話でうかがった。

「大した意味はありません。以前は二本木と書きました。おそらく大きな木が二本あったんでしょうが、明治に入って日本記と字を変えた。二本より日本のほうがいいと

小川村の日本記バス停。近くに飯米場《はんまいば》という地名も

昭和23年には麻生産の85％が畳糸になった。このご夫婦も昔は麻を栽培したのだろう

思ったんでしょう」

なるほど、この国には「地名は好字をもって表記」という伝統が古代からあるから、原義を想像できない字の当て方が存在する。たとえば、二荒（ふたら→にこう）→日光という具合に変貌してしまったりするのだが、そのおかげで日本には味わい深い、ときには謎の地名がたくさんあるのだ。

急にパラパラと降り始めたので、高山寺で雨宿りさせてもらった。姿のいい小ぶりの三重塔を見ながら縁側に座っていると、雨の音と葉のそよぐ音だけの、まるで北斎が描いた東海道庄野《しょうの》宿の雰囲気になってくる。「北アルプス展望の村」として名高い小川村まで峠を越えてせっかく来たのに、と悔しい思いもあったが、雨もまた善き哉、である。

「成就《じょうじゅ》」という、これまた珍しい名の集落へ入って野菜畑で仕事をしていたおばさんに聞いた。

「このへんは、晴れると車が何台も停まるんですよ。カメラマンとか画家の車。手前にリンゴの木、向こうに雪の北アルプス、というのを狙いに来るんだね」

画業成就、か。彼女の指さす山の向こうには鹿島槍や白馬《しろうま》岳の代わりに厚い雲が広がるばかりであったが、足元に広がる農村風景もなかなかのものだ。天気のいい日にまた来てみよう。

ところで、退治された「鬼」とは何だろう。村民に愛された紅葉も中央政府にとっては鬼、ということなのか。鬼無里村も来年は長野市と合併だそうだが（平成一七年一月に合併済）、村民は県都に埋没することなく、紅葉伝説と畳糸の物語をきっと語り継いでくれるだろう。

第五章　どっこい現役！　産業・職人地名を歩く

セメント町、硫酸町——工場門前町の産業地名を歩く〔山口県〕

小野田にはセメント町・硫酸《りゅうさん》町という印象的な地名がある。どちらも明治時代以来、それぞれの製品を作る工場門前町の名として発生したものだ。その土地で採れたものを用いる典型的な「原料立地」の工場地帯の地名は、もはや歴史的地名といっていいのではないだろうか。

セメント町——本邦初の民間セメント会社のソノモノ地名

「小野田のセメントかセメントの小野田か」

セメント樽を模したご当地最中《もなか》「せめんだる」の栞の一節である。この菓子をたまたま見つけたのは、小野田市（現・山陽小野田市）のセメント町商店街だった。セメント町というのは、レッキとした正式町名で、小野田がいかにセメントで発展してきたか

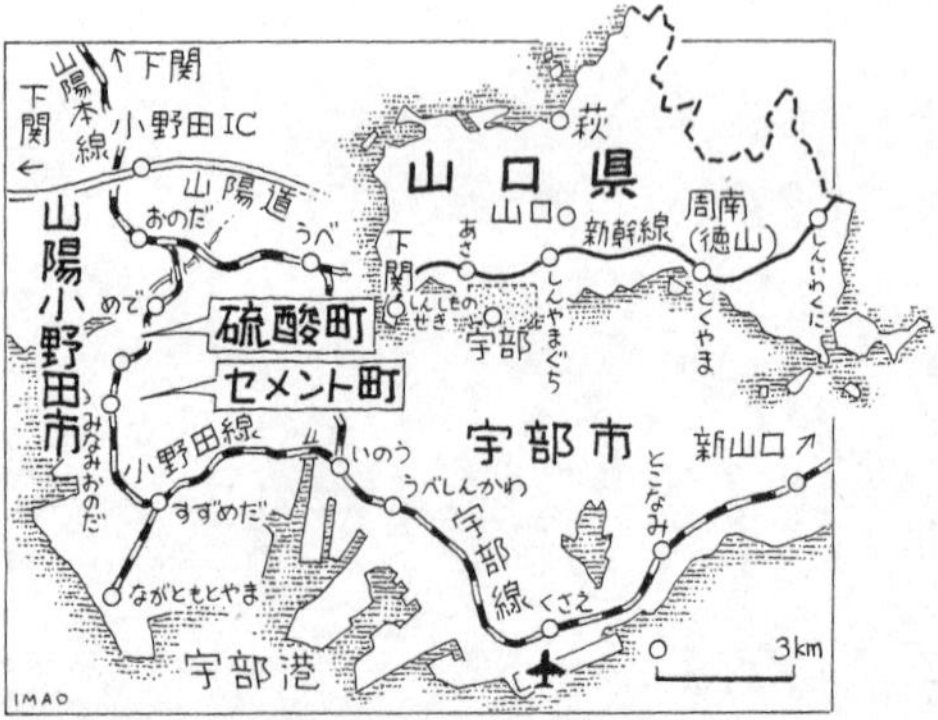

を物語っている。

戦前まではセメント町駅もあった。ＪＲ小野田線は、もとは小野田セメントが大正四年（一九一五）に工場と山陽本線を結ぶために敷いた私鉄であり、その終点がセメント町駅だったのである。この駅名は惜しくも戦時中の国有化で消えたが、場所はほぼ現在の南小野田駅にあたる。

そもそも小野田にセメント会社を作ったのは山口県の官吏だった笠井順八《じゅんぱち》で、明治一〇年（一八七七）に官を辞して東京・深川の摂綿篤《セメント》工場に入り、セメント製造を学んだという。その後明治一四年（一八八一）にここ須恵《すえ》村でセメント会社設立にこぎ着け、干拓地であった現在地にセメント工場を開いた。民間セメント会社の嚆矢である。

社名は民間第一号だけあってズバリ「セメント製造会社」であった（明治二六年に小野田セメント製造株式会社に改称）。なぜこの小野田に立地したかといえば、セメントの主原料である石灰石がすぐ目と鼻の先の対岸（現・北九州市）にあり、もういっぽうの粘土も地元から良質のものが豊富に調達できたからだ。また、燃料は江戸時代以来使われている地元の石炭。まさにセメント工業が興るべくして興った場所なのである。

［交通］セメント町▼ＪＲ小野田線南小野田駅下車東側／硫酸町▼ＪＲ小野田線南中川駅下車北へ約0.5㎞

その工場門前町がセメント町であるから、その歴史の古さは半端ではない。手元にある明治三四年（一九〇一）発行の山陽鉄道の案内書（復刻版）にも、小野田駅のページには「小野田セメント町・一里」の記述が見えるほどだ。

太平洋セメント小野田工場の正門へ行ったら、セメントを焼いた初代の焼成炉四基のうち一基「徳利窯《とっくりがま》」が保存されているという案内があったので訪ねてみた。錆び色に光る煉瓦で築かれた重厚な炉はほれぼれするような美しさがある。徳利に似た形状からそう呼ばれているそうで、今は国指定の重要文化財だ。その耐火煉瓦も、やはり地元小野田の産という。

さて南小野田からすぐ目と鼻の先には小野田線の旧型国電「クモハ42」が走っている。昭和初期製造の古色蒼然たる容姿が人気であったが、まもなく姿を消してしまうので、乗り納めに行ってこよう。クモハ42がいる雀田《すずめだ》へは二駅である。引退（平成一五年三月一四日）まで半月ほどとあって、チョコレート色の「昔の省線電車」は鉄道ファンで賑わっていた。運転席脇に陣取ってビデオ撮影に余念のない人、昔乗ったんだよなあ、とクッションの感触を味わう老夫妻。コンプレッサーのトクトクトクという音……。書き始めると止まらないので、このへんで地名紀行に戻るとしよう。

上：太平洋セメント小野田工場（旧小野田セメント）

中：セメント樽を模した最中「せめんだる」。小野田土産のロングセラー

下：しっかり基礎を固めてくれそうな塾もあった

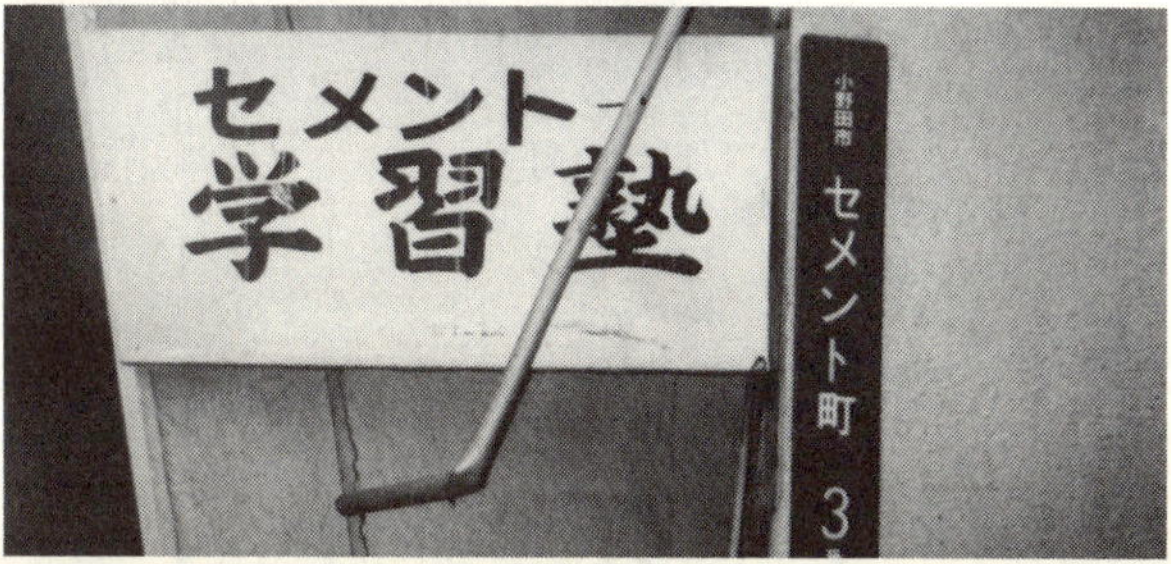

硫酸町——硫酸瓶を積み上げた「硫酸垣」が繁栄の歴史を語る

小野田にはもうひとつ、硫酸町《りゅうさん》という実にインパクトの強い町名がある。場所は小野田線目出《めで》駅の南西にあり、やはり明治時代に「硫酸会社」の工場門前町として発展したところである。硫酸会社は現在、日産化学工業の大工場として健在だが、町名のほうは最近になって「栄町」と改められてしまった。しかしバス停は健在だし、郵便番号簿にも載っているから、事実上現役の町名といっていい。

隣の宇部市に住む学生時代の友人N君によると、近くにある松井製陶所がかつて「硫酸瓶」を作っていたというので、訪問することにした。会社は硫酸町バス停から少し高台に入ったところだ。明治時代、硫酸の容器といえば陶器しかなく、当初はドイツからわざわざ陶器の硫酸瓶を輸入していたそうだ。しかしこれなら地元の陶土で作れるはず、と目出に隣接した旦《だん》を中心に製陶会社がいくつも出現した。

「硫酸瓶を作っていた製陶会社は、かつて小野田市内に二六もありましたが、今あるのはうちだけ。小規模だから残れたんです。明治の昔から硫酸はずっと硫酸瓶に入れて貨車で運んでましたが、昭和三〇年代に急速にタンクローリーに替わったので、需要が落ち込んでしまって」

もちろん現在は硫酸瓶の需要はないが、つい最近まではタコ壺なども作っていたという。タコは陶器の壺を好むそうだが、重くて引き揚げるのがたいへんということもあり、今はほとんどプラスチック。松井製陶所の現在の主力商品は梅干しの小鉢で、これは主に中元・歳暮用である。

「だから、今は梅干し屋みたいなもんです」

小野田の窯業の歴史を綴った本を見せていただいたが、最盛期には日本の陶製瓶の七割を小野田で生産していたというから驚く。また瓶以外にも守備範囲は広く、瓦や煉瓦、土管などはもちろん、一升瓶や徳利《とっくり》などの家庭用品一般、ウナギ獲りの道具までと多種多様だった。陶製の湯たんぽもあったという。

「駅弁と一緒に売られていたお茶の容器も、山口県では陶製のフグ形のを使っていました。陶器は自然の土から生まれ、やがては土に返るエコロジー素材なんですが、プラスチックの安さにはかないません」

だいぶ日が暮れてしまったが、松井さんに車で小野田市内を案内してもらうことになった。まずは、今も

長閑な小野田線で晩年を過ごす「古兵」クモハ42。戦前は関西、戦後は関東で活躍した

残る旧江本製陶所の登り窯（小野田市〈現・山陽小野田市〉指定文化財）の煙突を森の向こうに眺めつつ、松井さんと小野田高校の裏手へ向かった。硫酸瓶の残骸が積み上げられたところだ。

陶器の町・愛知県瀬戸市には「瀬戸垣」というのがある。不良品や欠けた製品を積み上げて垣根を作るものだが、その小野田版が目の前にあった。「硫酸垣」とでも呼ぼうか。

暗くてよく見えなかったので、翌朝改めて行ってみた。黒から赤茶まで少しずつ色の違う渋い色の硫酸瓶たちは、うずたかく積み上げられて朝日を浴びている。もう何十年そうしているのだろうか。戦前の旧版地形図を見ると、ちょうどこの位置に「窯」の記号があるから、やはり窯が存在していたのだろう。

昨晩見た登り窯の煙突に惹かれて、旦へも行ってみた。目出駅から線路に沿って歩いていくと旦の集落に入るが、ここが煙突の立ち並ぶ陶器工業地帯だったとは思えないほど、今は静かなたたずまいだ。坂道を登っていくと買い物帰りで自転車を引くおばちゃんに会った。

「私がここへお嫁に来た頃はたくさん製陶工場があって、この細道を馬車で硫酸瓶や焼酎瓶を運びよった。それも昭和三〇年代までかねえ」

使われなくなって野外に積まれた硫酸瓶の山

硫酸町のバス停。町には毛利藩の蘭学の伝統が生きている

あちこちの家に硫酸瓶を積み上げた垣根があり、町の歴史を無言で物語っている。硫酸瓶を傘立てや植木鉢として使っている家もあった。城址のような窯跡の煉瓦と硫酸瓶の垣根。静まりかえったなかに、それら異物のある独特な風景を歩いていると、煉瓦煙突の登り窯が急に現れた。ここで昔、たくさんの硫酸瓶が焼かれたのである。その存在感にしばし立ち止まってしまった。

硫酸の中身の話に戻るが、現・日産化学工業の前身である「硫酸会社」も古い。明治二二年（一八八九）の創立当初は日本舎密《せいみ》製造会社といった。舎密はオランダ語のセミー（化学）から来ている。なんとも蘭学の香り高い用語だ。

当時の製品は硫酸、芒硝《ぼうしょう》（硫酸ナトリウム）、塩酸、硝酸、晒粉《さらしこ》、曹達《ソーダ》で、原料となる塩はほど近い三田尻《みたじり》（現・防府《ほうふ》市）の塩田でとれる塩を船で運んだという。ここにも原料立地の工業が興ったわけだが、毛利藩は幕末期に日本初の化学研究所である舎密局をすでに設けていたことも、化学薬品の工場を明治半ばに立ち上げる原動力となった。日本の近代は明治維新で突然始まったわけではないのだ。

石灰と粘土、それに石炭、塩。小野田の旧称である「須恵《すえ》」は「陶」のことだ。それを証明するかのように、市内には六〜七世紀のものとされる古い窯の跡がいくつもあり、陶器もたくさん出土している。古くから陶器の里だったのだ。セメント町、硫酸町という一見「人工的」な響きをもつ地名も、ちゃんと必然性をもった歴史的地名なのであった。

紺屋町、北乗物町――江戸っ子の故郷に「手に職」の名残を訪ねる［東京都］

城下町には同業者の集まる「職人地名」が多かった。紺屋《こんや》町や鍛冶《かじ》町、大工町などがそれである。戦後の住居表示で多くが失われながらも、今もしっかり江戸の町名を残す区域が東京・神田にある。戦後のビル化の波に洗われて変貌する町に職人町の面影を探しに行った。

紺屋町――紺屋が金物屋になり貸しビルの町へ

かつて東京駅八重洲《やえす》口付近には、次のような町名があった。

桶《おけ》町、南大工町、南鍛冶町、畳町、北紺屋町、南《みなみ》伝馬《でんま》町、大鋸《おが》町、具足町、本材木町、南紺屋町、西紺屋町、弓町、新肴《しんさかな》町……。これらは、明治四〇年（一九〇七）年に東京市が編纂した『東京案内』に

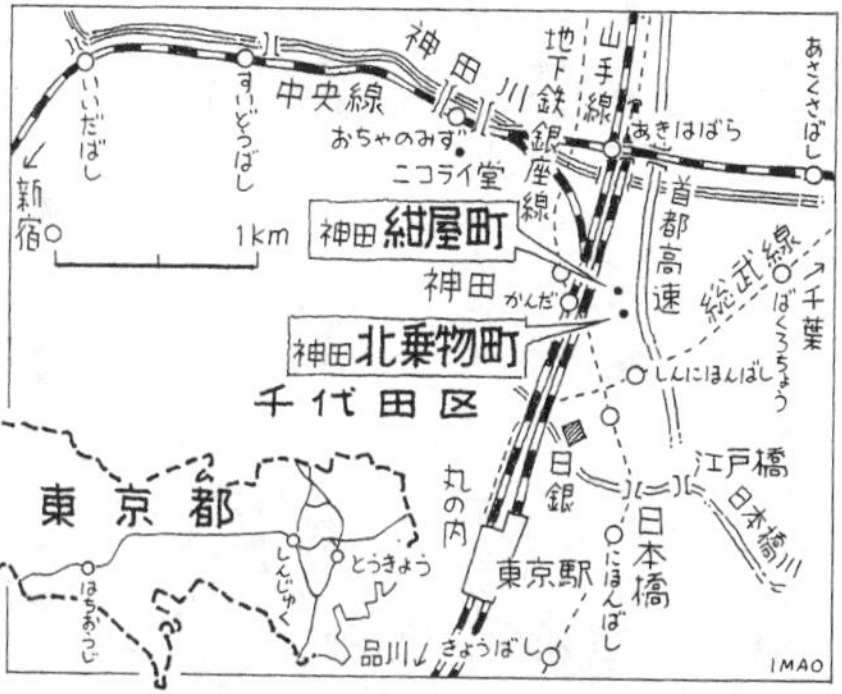

紹介された町名のごく一部だが、今はみんな「八重洲」か「京橋」に呑み込まれてしまっている。

これらの町名は、そのものズバリの存在だった。たとえば風が吹くと儲かる桶屋、江戸の華・火事のあとで大活躍した大工、そして白袴《しろばかま》の紺屋《こうや》のオヤジ、泰平の世で商いが成り立ったのか心配してしまう弓や具足職人。彼らが集まって住んだことが、町名の由来である。

東京で多数の町名が消えたのは主に昭和に入ってからで、関東大震災後の復興計画に伴う昭和初期の整理統合と、昭和三七年（一九六二）施行の住居表示法に基づく町名の統廃合の二回であった。たくさんの「職人地名」も消えていったが、神田と牛込《うしごめ》にはまだ一部が残っている。

今回は神田へ行ってみよう。神田といえば、昔は旧東京市でも有数の人口密集地であったが、今は都心からの距離の近さゆえにオフィスビルが建ち並び、昼夜の人口格差は限りなく拡大した。ちなみに震災前の大正九年（一九二〇）に約一二万人もいた千代田区（当時の神田区＋麴町《こうじまち》区）の人口は、今や単独で市制施行できない約四万人にまで落ち込んでいる（平成二四年一二月一日現在四万八六三一人）。

神田駅を降りたところがもう鍛冶町である。もちろん鍛冶屋さんが住んだのでこの

［交通］紺屋町・北乗物町▼ＪＲ山手線・中央線神田駅東口下車東へ0.2㎞

店名より住所が大きい看板。東紺屋町は2500㎡のミニサイズの町

中央線の高架橋の壁面に、戦前に消えた「黒門町」の文字を発見

名があり、「神田鍛冶町、カドの乾物屋でカチ栗買ったら、固くて噛めない……」という歌のようなハヤシ言葉で知られた伝統町名だ。実はこの鍛冶町、前述した昭和初めの町の整理統合でだいぶ膨張している。鍋町や塗《ぬ》師《し》町、それに黒《くろ》門《もん》町などを呑み込んだ町名なのだ。まあ鍋町は似たもの同士かもしれないが、塗師つまり漆職人の町まで鍛冶屋に乗っ取られてしまったのは、どうも納得いかない。

　膨張した鍛冶町はとりあえず通過、明治からあまりサイズの変わっていない神田紺屋町へ行くことにした。神田駅からは迷わなければ数分の距離だ。紺屋町はその名のとおり、江戸時代に染物屋が集まって住んだ。もとは家康が江戸に入府した際、軍功のあった紺屋頭の土屋五郎右衛門が支配した町で、配下の藍染職人が集住して町を形成したという。大正時代から神田川沿いの高田馬場あたりへ移転が相次ぎ、最後の染物屋が店をたたんだのは戦後間もなくであった。

町内を歩き回るうちに、鏡屋と金属看板屋の残った路地を見つけた。ここだけ昭和三〇年代の雰囲気が漂っている。古い看板を出した鏡屋さんの斜め向かいにその作業場があった。鏡台やユニット洗面台につけるらしい鏡が何枚も置かれていて、ベテランらしい作業服のおじさんが仕事中だった。

「もう五〇年ぐらいかな、鏡の仕事を始めてから。この業界も、今は韓国や中国から鏡がどんどん入ってくるから先が見えにくくて。紺屋《こんや》町は戦争でみんな焼けちゃったけど、戦後はこのあたりに金物屋がいっぱい並んでたんですよ。今は金物屋もなくなって、みんなビルになっている」

紺屋の町から金物屋の町に変わったといっても、職人町の伝統は受け継がれていたのである。お隣の鍛冶町はその名のとおり、江戸随一の金属加工産業の中心地だったというから、それが少し移動しただけだ。やはり近代は近世の積み重ねの上に載っている。

北乗物町——「乗物」とはリヤカーではなく駕籠のこと

神田紺屋町は南北二カ所に分かれていて、その間に小さな「北乗物《きたのりもの》町」が挟まっている。なぜこんなことになったかと調べてみると、南側が火《ひ》除地《よけち》つまり防火空き地とされたのに伴って北側に代地をもらったからだ。

神田北乗物町に入るやいなや、クラシックな「乗物」（リヤカー）にカマを載せた焼き芋屋さんが現れた。毎度お馴染みの「いーしやーきいもー」のエンドレステープを流してはいるものの、軽トラではない稀少価値がある。二〇〇円の「中」を一個買って口数少ない芋屋さんに聞くと、「これから八重洲《やえす》へ行く」という。オフィス街のおやつとして人気なのだろうか。

北乗物町の「乗物」とは何だろうか。古いたたずまいの箱屋があった。壁には琺瑯引きの古い「北乗物町」の看板が取りつけられている。

その箱屋さんが教えてくれた。

「町駕籠《かご》を作る職人が住んでいたから乗物町というんです。外に置いてある材木は木箱用。昔はミカンでも冷蔵庫でも木箱に入れたでしょう。今は大きな箱もみんな段ボールになったけれど。神田は昔から出版社や取次店、印刷屋さんが集まっていたので箱の需要は多かったんですがね、最近はあんまり商売にならない」

店の天井近くに、木箱にスプレーする型板（テンプレート）を発見した。各種会社名に交じって、外国向けの「KEEP DRY」とか「HANDLE WITH CARE」というのもあった。どれも赤いスプレーのインクに染まっていて年季を感じさせるが、最近は段ボールがほとんどだから出番は滅多にないそうだ。

この型板を亜鉛板で作る職人も以前は神田にいたのだが、商売にならなくなって引っ越していったという。そうだ。職人も職人の作った道具を使って仕事をしたのである。鍛冶町の隣に鍋町があり、すぐ近くに乗物町があって紺屋町があるのは必然であり、だから江戸のこの周辺は、実に機能的な町場を形成していた。

「戦後、町から町工場を追い出す政策をとったでしょう。住環境をよくするためにって。たしかに町工場の騒音はある程度あったけど、それはお互い様ということで、うまくやってきたんだよね。職住接近でよかった。それが今は都心の人口が減ったからって、役所が都心居住をすすめてる。大学も郊外へ出たのに戻ってきてるでしょう」

郊外へ出ていった旧住民が懐かしんで訪ねてくる。今は郊外に暮らしているけれど、寂しそうな人が多いという。小学校もどんどん統廃合でなくなった。バブル期には猛然にオフィスビル化が進んだけれど、今や汐留《しおどめ》や有明《ありあけ》、品川などで新たなビル・ラッ

紺屋町の魚屋さんは生粋の神田っ子。常連客とのやりとりが痛快だ

琺瑯製の古い町名看板。「神田」がないので戦前の神田区時代のものと思われる

神田北乗物町にはクラシックな「乗物」を引く焼き芋屋さんが

シュなので、神田のビルも借り手が減って地盤沈下気味だ。

北半分の神田紺屋町へ入ると、昔ながらの魚屋があった。オヤジさんは通りがかるお得意さんに気軽に声を掛けている。お客も「じゃあ、これお願い」と、買っていく。こちらが玆鄉の住所看板を撮っていると声を掛けてくれた。

「建物を壊すとみんな捨てちゃうんだよね。古いよ、その玆鄉のは。このあたりは写真を撮りに人がよく来ますよ」

このあたりも、以前は店が並んでいたそうだが、どんどんオフィスビルに変わった。

「バブルの頃なんか、小さな店でも一〇億円とか二〇億円とか値がついた。店を売って郊外に一〇〇坪の御殿みたいな家を建てて、免許ももってないのにベンツを買って、という人がいましたよ。家があんまり広すぎて、毎日あちこち電気を消して回ってる、という話だけどね。私なんかはここで十分。仕事があって、健康で、幸せですよ」

「この間、江戸東京博物館で感激したのが『熈代勝覧《きだいしょうらん》』。最近ベルリンで見つかった日本橋の通りを描いた絵巻物だけど、見ました？　あれは時間を忘れたね。二日続けて通いましたよ」

私も行ったばかりなので、帰って改めて図録でこの絵巻を見た。場所は神田紺屋町のまさに続きである。そこには多種多様な店々はもちろん、通りを賑わす行商、占い師、酔っ払いに至るまで実に緻密に描き込まれていて、思わず見とれてしまった。合間には本船《ほんふな》町入口、室町一町目、浮世小路、駿河町、瀬戸物町入口……とたくさんの町名・通り名が書かれている。

思えば「町」というものは、人間の歩くスケールで区切られていたのである。かつて、それぞれの小路には独特の表情があった。今のだだっ広い「クルマサイズ」の町にはない、味わいがあったはずだ。

金換町、珠数屋町、骨屋町、弓矢町――洛中の〇〇屋地名をたどる　[京都府]

一二〇〇年の歴史を誇る京都には、その歴史を今に伝える膨大な地名がひしめいている。戦後、多くの町名を消し去ったほかの都市にならわず、伝統の町名を京都は守った。職業にまつわる町名をつないで歩いてみたら、明治維新を迎えた町衆の先見の明も見えてきた。

金換町、珠数屋町――京都の町名は長い歴史の証拠物件

京都の町には町名がぎっしり詰まっている。まず通りの名前。丸太《まるた》町《まち》通や四条《しじょう》通という東西の通り、そして堀川通、河原町通の南北の通りに都心部では原則としてすべて名前がついており、地点の表示はその通り名を組み合わせて行う。たとえば四

条烏丸《からすま》とか千本今出川《せんぼんいまでがわ》などと表すのがそれだ。

　この表示法も交差点名なら東西・南北通りのどちらが先でもいいのだが、住所を表示するときは厳密だ。その建物の玄関（ポスト）の面した通りを先に表示し、間近で交差する通りを次に表示、その交差点から見てどちら側かを「上《あが》る、下《さが》る、東入《い》る、西入る」で示す。だから下京区《しもぎょう》役所の所在地が「西洞院《にしのとういん》通塩小路《こうじ》上る」とすれば、玄関のあるのは西洞院通のほう、ということになる。

　ここまでは座標の話。実は京都では正式な住所を書くと、下京区役所の場合はその後に「東塩小路町六〇八番地の八」が続く。この町名は郵便の宛名などにはあまり使われないのだが、これらの細かい町のほとんどは江戸時代以前から引き継がれてきた由緒あるものだ。各町とも数十〜一〇〇メートル四方程度と非常に小さく、他都市に比べてきわめて高密度で市街地を覆っているので、地名ファンとしてはこれほど嬉しい場所はない。どこまで行っても中央〇丁目といった、どこかの大雑把な町とはワケが違うのだ。

　詳しい京都の地図で町中を目を皿にして追っていくと、〇〇屋町というのがたくさんあるのに気づく。八百屋《やおや》町、大工町、鍛冶屋《かじや》町など他の城下町に

［交通］金換町▼京都駅烏丸口下車塩小路通を西へ0.7㎞／珠数屋町▼京都駅烏丸口より市バス9・28・75系統約5分西本願寺前下車／弓矢町▼京都駅烏丸口より市バス4・17系統約7分河原町松原下車東へ0.4㎞または京阪電鉄五条駅より東へ約0.5㎞

よくありそうな地名以外にも、布屋町、薬屋町、槌屋町《つちや》などなど、非常に種類が豊富なのだ。長らく都をやっていたから、といえばそれまでだが、実は京都は古くから有数の大工業都市であり、もちろん巨大な商業都市でもあった。町名は京都の、歴史の集積の証拠物件でもある。秋の三日間、そんな町々を縫って京都の町を歩いてみた。まずは京都駅前から塩小路通を西へ向かい、堀川通の西側へ行ってみた。このあたりは○○屋町が集中している。御方紺屋町《みかたこんや》、上糀屋町《かみこうじや》、下糀屋町、樽屋町、大工町、西八百屋町、八百屋町、鍵屋町……。金換町《かねがえ》というのもあった。花の水やりに出ていらした金換町の奥様にうかがった。

「ここは西本願寺のすぐ近くで、門前町だったようです。この猪熊通《いのくま》を上がると（北上すると）すぐ西本願寺の大玄関門。金換町というのは、昔は両替でもしてたのでしょうか」とのお話。

『角川日本地名大辞典』にも由来は載っていなかったが、銀替《かねがえ》は両替屋を意味する。やはりかつては金融業者が店を開いていたのだろう。

金換町の北に隣接した樽屋町には酒屋さんがあった。ご主人は樽屋町の由来や近辺の名所旧跡を調べた印刷物をわざわざ引っぱり出してくれた。

「うちは九〇年前から酒屋をやってます。樽屋町というのは、昔はその名のとおり樽

珠数屋町の町並み。正面の総門を抜けるとすぐ西本願寺の御影堂門

生業の数だけ町がある。鐘鋳《かねい》町は、方広寺の大鐘を鋳るために秀吉が設けた炉鍛場跡に由来するという。歴史の缶詰・京都ならでは

を作っていた町らしいです」

堀川通に出て北上、西本願寺の正門である御影堂門《ごえいどうもん》を目指して歩いた。世界遺産に登録された御影堂は、残念ながら修復工事中で大きな覆いのなかであったが、老若の坊さんたちが多く出入りしていて、さすが浄土真宗の本山門前の活気が感じられる。その御影堂門の正面から東に伸びる道がその名も「正面通」だ。

門の真ん前にあるのが珠数屋《じゅずや》町で、わずか三〇メートル四方の非常に小さな町である。この寸法は、ほかの都市なら一つの番地（ブロック）にも満たない。町にはわずか九軒の家があるが、ほとんどが数珠屋と仏具屋だ。今どき、これだけ名と実が一致している地名は滅多にないだろう。ちなみに町名は普通名詞の数珠でなく「珠数」である。

老舗の柴田念珠店の奥様にうかがった。

「この町は本願寺の門前町、というより本来は寺内だったんです。昔はずっと賑やかでした。今の若い人は数珠をあまり買わないし、あちこちで数珠屋さんが店を畳んだという話を聞きます。最近は数珠のタマも外国産が多くなってきました。加工は京都ですけど」

数珠屋さんがつぶれるのは、やはり昨今の日本人が信心深くない証拠なのだろうか。

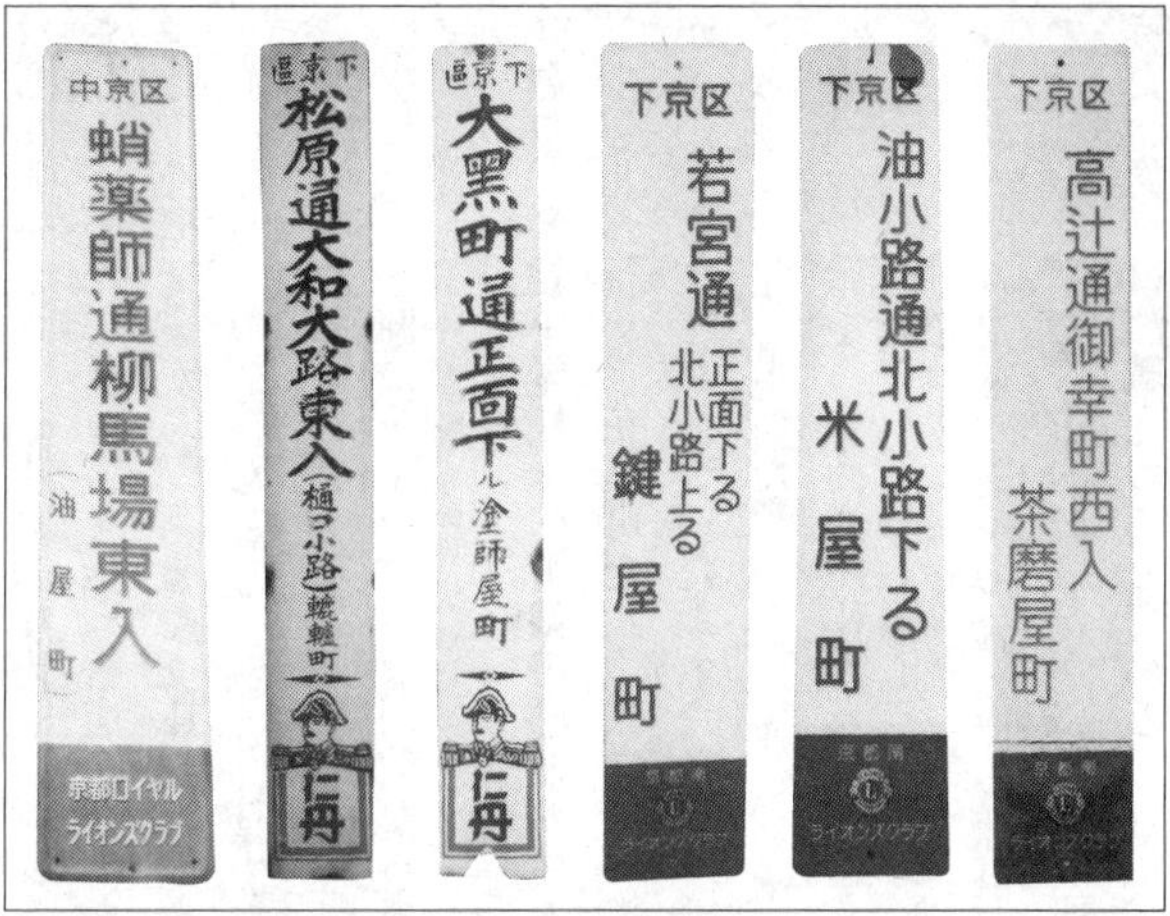

職業地名が記された京都旧市街の町名看板

筆者もその信心深くないひとりであるが、数百円のかわいらしい腕輪のようなのがあったので、これを免罪符として娘への土産にするとしよう。

ぐるりと南側を迂回して東本願寺の東へ出た。門前を南北に走るのが烏丸通であるが、まっすぐ南北に通っているはずの道が門前部分だけぐっと東側にせり出している。碁盤目の京都中心部にあって異様に目立つのだが、実はこれ、明治末に烏丸通に市電が通ることになった際、東本願寺が「門前にそんなヤカマシくて危険なものを通すわけには参らぬ」と反対した結果なのだそうだ。

東本願寺の門前にも上珠数屋町と中

珠数屋町通があり、中珠数屋町通の両側を占める廿人講《にじゅうにんこう》町には数珠屋、仏具屋が建ち並んでいた。仏教書を扱う書店があったので入ってみる。書名からしていかにも難解そうな研究書から、新書や文庫などの普及版まで多数並んでいる。

子ども向けの『しんらんさま』『日蓮さまとご法難』などを見つけ、我が子を信心深い子どもに育てるため（……）、思わず襟を正して購入した。名僧による読経テープやビデオも棚に並んでいる。門前ならではの品揃え、であった。

骨屋町、番組小学校——町衆の熱意が生んだ「小学校会社」

少し北へ行くと花屋町だ。由来を調べてみたら、なるほど場所柄で、仏花を扱う店が多かったことからついた地名だという。このあたりから再び○○屋町をハシゴしながら徐々に北へ歩いた。

中国の物産を扱う商人が住んだことにちなむ唐物《からもの》町を通り過ぎると骨屋町に至る。ごく小さな片側町（通りの片側だけ家のある町）であるが、骨屋とはいったい何だろうと調べてみたら、扇子の骨を作る仕事だった。「着倒れの都」である京都には不可欠な町のはずで、市内にはほかにも何カ所かある。すぐ近くの塗師《ぬし》屋町というのもそうだ。塗師は漆職人のことである。

扇骨は今となっては琵琶湖西岸の近江安曇川《あど》（現・高島市）あたりが一手に引き受けているので、この町中にはなさそうではあるが。その代わり、現在は紙箱を加工している町工場がよく目立つ。カチャンカチャンと音を立てて半自動みたいな機械で黙々と箱を折っている人の姿が垣間見えた。

工場の立地が都市内部から郊外へ、そして他県へ、外国へという空洞化の一連の流れか……などと考えていたら突如として五条通が現れた。幅員五〇メートルの、京都では異例なほど広いこの道路は、太平洋戦争中に空襲火災の延焼防止のため建物が強制的に取り払われた名残だ。もっとも平安時代の京都のメインストリート・朱雀《すざく》大路は幅八五メートルあったというから、それには及ばないが。

堺町通を北上して俵屋町、鍛治屋町、旧五条の松原通を東に入って今度は富小路《とみのこうじ》を上がると筋屋町、鍋屋町、鍵屋町、桝屋《ますや》町、茶磨屋《ちゃまや》町など、〇〇屋町がギッシリ詰まっている。

このあたりは観光地でもないので、目の細かい犬矢来《いぬやらい》と紅殻格子《べんがらごうし》の昔ながらの町家があるかと思えば中層マンションがあったりする。そば屋の出前がバイクで通るし、保育園児もお母ちゃんに連れられて歩いている。統一はとれていないけれど、何かと発見の楽しみもある。そうこうするうち、キセル屋の暖簾の向かいにある、旧開智小学校にたどり着いた。

長屋門の立派な入り口はさすが歴史ある小学校だが、平成四年（一九九二）に他四校と統合されてしまい、校舎は「京都市学校歴史博物館」に模様替えしている。入るとまずビデオを見せてもらうのだが、当時の京都の状況と「学校ことはじめ」の経緯をわかりやすく解説してくれる。京都では明治政府が学制を公布するより三年も早い明治二年（一八六九）に小学校を開設していたというのだ。

当時の京都の町は戊辰戦争など幕末の混乱で荒廃していたが、何より遷都は精神的に大きなダメージだった。必然的にいろいろな分野にわたって人口の流出が続く。しかし維新政府にはカネがなかったので、町衆は今の地方自治体のように公共工事をおねだりするわけにはいかない……。

それではどうしたか。自分たちで金を出し、すぐれた人材を育成すべく学校を作ったのである。町衆たちは「カマド金」という、子どもの有無にかかわらず竈を構えるすべての家に学校創立のための拠出金を課した。商売を営む人は少なくない寄付金を出し合った。府からも借金をし、それで「小学校会社」を組織した。なんと会社はカネ貸しを始め、その利息で運営資金を捻出した。舌を巻くような金策術ではないか。これが番組小学校の誕生である。

町家跡地。「間口が狭くて奥行きが長い」が一目瞭然

京都市学校歴史博物館。旧開智小学校の校舎を利用し平成10年に開館

番組とは「○○屋町」のような小さな町を平均二六～二七町合わせた自治単位で、ここに一校ずつ創設されたのが六四の番組小学校だ。

子どもたちに読み書きソロバンが教授されたのはもちろんだが、慧眼といっていいのは日本画教育に力を入れたことである。なぜかといえば、京都は西陣織や京染などの伝統工芸の本場であり、それらの図案・意匠は商品価値を決める要諦である。絵心を必要としないものなどない。「有為の人材の育成」の陰には地場産業振興へのしたたかな布石が打たれていたのである。

経済的には今よりずっと貧しかった明治人たちが、町の発展にはまず教育が重要であることを見抜き、おカミ頼みでなく自らの力で国の制度に先んじてやり遂げた。これは真に敬服すべきことではないだろうか。

思えば、京都に充満する○○屋町の存在は、近世までにすでに多種多様な内容を誇る商工業の集積がこの都市にあった証明で、その上に立脚しているからこそ、危機の時代にあっても町衆は「百年の計」を立てることができたのだろう。

弓矢町――祇園祭の警固役として今も現役

前日は学校歴史博物館で日が暮れてしまったので、翌日また博物館に入りなおし、ひととおり見終わった後、「京都のアキハバラ」のような寺町通を北上、修学旅行生の群がる新京極《しんきょうごく》をそそくさと抜けて船屋町、骨屋之町（ここは之の字がつく）、油屋町、井筒屋町と歩いた。

井筒屋の由来ははっきりしないが、江戸時代には雨合羽屋が多かったという。○○屋町には屋号を由来とするものもあるから、「井筒」を売っていたわけではないのだろう。

槌屋《つちや》町、桝屋《ますや》町、菱屋町を通って中京《なかぎょう》郵便局へ出た。堂々たる赤煉瓦の明治建築を外観だけ残して建て替えたもので、金はかかるが都市景観保存の観点からは粋な配慮だ。

三年坂より小振りな二年坂。正式には桝屋町という

局のある三条通は明治期には京都の目抜き通りであった。しかしそれゆえに電車の線路を敷くスペースを確保できず、後の繁華街としての発展を四条通に奪われてしまった。今はそのおかげで、明治建築が点在する格好の散歩コースとなったのである。

その後も笹屋町、綿屋町、塗師《ぬし》屋《や》町、壺屋《つぼや》

町、鍵屋町、竹屋町……と延々と歩き、丁子屋《ちょうじや》町を過ぎたところで「げてもの屋」と看板の出た古道具屋さんへ入ってみた。

陶磁器類から古い絵葉書、信号ラッパ、年代物の扇風機と、ありとあらゆるモノが店をぎっしり埋めている。しばらく探して、戦前の名古屋市街図を求めた。

「戦争中に名古屋の時計メーカーで働いていたんです。軍需工場になってましたがね。この地図は懐かしくて市場で買ってきた」

とご主人。商品のひとつひとつに愛着があるからこそ、こういう店ができ上がるのだろう。あらためて店内を見回した。

最後に東京オリンピックのテレビ画面を撮影した数十枚の写真をすすめられた。あの頃の丸っこい画面が写っているのがいい。重量挙げとかボクシング(画面に手書きのテロップ!)、それから当時の皇太子夫妻も写っている。シメて一五〇〇円で、とてもお買い得のような気もしたが、どんなものか、と迷いながら、結局は買わなかった。古本や古道具など、どれもみんな「一期一会」である。ちょっと惜しかったかもしれない。

さて長丁場の〇〇屋町歩きだが、少しは目先を変えて、と翌日は鴨川を渡った。白昼の眠ったような祇園《ぎおん》を抜けて花見小路から八坂塔《やさかのとう》、清水寺の手前まで足を伸ばした。

このあたりまで行くと、さすがに○○屋町は少なくなるが、五条坂を下ると轆轤《ろくろ》町というのがあった。やはり清水焼の関連に違いない。

その西側、六波羅蜜寺《ろくはらみつじ》の傍らを過ぎつつ、おお、ここがかの六波羅探題の……と感動しているうちに弓矢町《ゆみや》という町を通った。なんと松原警察署の所在地なのである。全国各地に鉄砲町というのは多いのだが、調べてみたら京都の旧市街に鉄砲町はひとつもない。鉄砲伝来以前に町名が定まっていたからだろうか。

さてこの弓矢町、さらに調べると、祇園祭のときには江戸時代以来今に至るまで、「警固役」をつとめているという。こちらの町名もまさに現役なのである。

慶長年間（一五九六〜一六一五）に方広寺の大仏殿を造営するための棟梁たちが集まったという北棟梁町、上棟梁町などの町並みを抜け、かの大寺の梵鐘《ぼんしょう》を鋳造した鐘《かね》鋳《い》町をそぞろ歩くうち、京阪七条にほど近い伏見街道の本町の通りに出た。いい雰囲気の漬物屋さんの暖簾に吸い寄せられ、京菜やすぐきの味見をしながらしみじみと思った。京都の町名というのは、この京漬物の味と同じ、歴史の積み重ねのなかから生まれた奥深いものであるな、と。

夜昼峠から、長いあとがき

夜昼峠《よるひる》。ずっと気になっていた珍しい名前の峠である。日本の地名を少しでもかじってみれば、歴史的地名の多くが当て字であることを知るはずだ。もちろん漢字が伝来する前から地名は存在し、それら口述される地名に後から漢字を当てたのだから当然だ。その当て方についても、日本人が「どれほど気の利いた字が当てられるか」を競っていたのではないか、と疑わせるほど見事な、ある時は意表を突く、また感嘆すべき当て字の地名が全国各地に分布している。

その峠を歩くため、赤煉瓦の原形に復したばかりの東京駅から「サンライズ瀬戸」に乗った。翌朝早く瀬戸大橋を渡り、坂出からは特急「いしづち5号」で松山へ向かう。同じホームの先端で待っている宇和島行きのディーゼル特急「宇和海9号」に乗り継いだ。よく考えたものである。昨今の地方の特急は短編成化が進んでいて、特急でも二両編成など当たり前の時代となっている。そこで跨線橋を渡らなくても同じ平面の移動で列車を乗り継げるのはバリアフリーだしカネもかからず一石二鳥だ。しかも駅の正面から目の前のホームでどちら行きの特急にも乗れるので、階段を上り下りする必要がない。

伊予大洲駅でアンパンマンのキャラクター「ドキンちゃん」を前面に掲げた一両だけの気動車に乗り換えた。駅を出てほどなく、眺めの良いガーダー橋でゆっくり肱川《ひじかわ》を渡るとき、進行方向左手に大洲城とその背後に城下町が見えてくる。

ひときわ目立つ天守閣は平成一六年（二〇〇四）の復元ではあるが、江戸初期に建てられた当時の工法により、明治初期に撮影された本物の写真や遺された資料をもとにほぼ忠実に復元されたというから、次の機会には訪れてみたいものだ。やはり車窓から天守閣が見えると誘客効果は高そうである。

愛媛県は東西に長い県で、しかも城下町が多い。明治の廃藩置県まで続いたものを東から挙げると、西条、小松、今治、松山、新谷《にいや》、大洲、吉田、宇和島と八つもある。そのため各地に多様な文化が醸成された。今はどうだろうか。「四国中央市」などとやけに誇大な名称も最近になって登場したけれど。

大洲の町は加藤氏が入城する前は大津と称した。おそらく「おおづ」と濁ったのだろう。津は港であるから、この地名は肱川の河港としての来歴を窺わせる。ＪＲの駅名に伊予が冠されているのは近江の大津との混同を避けるためらしいが、そもそも予讃線に伊予三島、伊予西条、伊予吉田など伊予を冠した駅がやけに目立つのは、鉄道の開通が遅かったからだ。県都の松山でさえ国鉄が入ったのは昭和二年（一九二七）のことで、「坊っちゃん列車」で知られた明治生まれの伊予鉄道の松山駅など、鉄道省の強い要望によって駅名をかなり強引に譲渡させられ、「松山市駅」と改めざるを得なかった。

峠道への東の入口である、伊予大洲から二つ目の伊予平野駅に降り立った。肱川の支流・久米川を少し西へ遡ったところで、平野という地名は明治二二年（一八八九）にできた「行政村」の名で、平地《ひらじ》村と野田村が合併した際に両者の頭文字をつないだものだ。この村は戦後のシャウプ勧告に伴って行われた「昭和の大合併」で大洲市の一部となった。伊予平野駅は昭和一一年（一九三六）九月一九日の開業で、夜昼トンネルが開通して同一四年（一九三九）に八幡浜《やわたはま》駅まで開通するまでの約二年半の短い期間ながら、ここが終着駅であったこともある。

峠道をたどるのに、わざわざ自動車に脅かされながら現役の国道を歩きたくはないので、戦前の旧版地形図で旧道のルートを調べ、それを新しい地形図の上でチェックしながらたどるのが私のやり方だ。しかし旧道といってもいつ頃の旧道かが問題で、ここでは明治の旧道をふまえつつも、それ以前の道を適宜ミックスさせて辿ることにした。明治の道が極度の九十九折《つづら》りで、あまりに遠回り過ぎるからである。

久米川のさらに支流の野田本川に沿って二三〜二五パーミルに及ぶ急な勾配を上っていく予讃線の線路を右に見ながら、少し広い谷をまずは南西へ詰めていくルート。新国道に一部合流するところもあるけれど、一定の距離をおきつつ自動車のほとんど通らない細道を歩く。「地形図で脇道に水準点の標石が記されていれば、そこが旧道」と以前から拙著でも説明してきたが、最近は地形図に旧道の水準点が載っていないケースも多くなってきた。

川の縦断面はたいていきれいな放物線を描いているため、峠に近くなると急速に勾配がきつくなる。鉄道はそのような急勾配には対応できないので、あらかじめ上がれるところで高さを稼いでおくため、峠の少し手前では並行する街道をはるかに見下ろす場面がある。いよいよ川に追い付かれたら、その場合は「最後の手段」として峠の直下をトンネルでくぐる、というのが戦前までの伝統的な鉄道のルート選びであった。今は長大トンネルをいとも簡単に掘ってしまうから、はるかに街道が通る谷を見下ろす場面などなしに、いきなりトンネルに入る。予讃線で夜昼トンネルの区間が完成したのは前述のように昭和一四年であるから、麓から峠に向けて少しずつ高くなる昔ながらのアプローチである。

『角川日本地名大辞典』で夜昼峠を引いてみると、「昭和一四年（中略）国鉄予讃本線夜昼隧道（全長二八〇〇メートル）が開通したが、これは東海道線丹那《たんな》トンネルに次ぐ難工事であった」という記述があった。正確な長さは二八七〇メートルで、内子《うちこ》を経由する新線（いわゆる内山線）にある六〇一二メートルの犬寄《いぬよせ》トンネル経由の区間が昭和六一年（一九八六）に開通するまでは、予讃線では最長のトンネルであった。

静岡県の熱海から伊豆半島の脊梁《せきりょう》山地を貫いて函南《かんなみ》に至る丹那トンネルが、工事期間中に関東大震災や北伊豆地震に見舞われつつ一六年をかけ、多数の犠牲者を出した大変な難工事であったことは有名であるが、ここ夜昼トンネルについて『日本鉄道請負業史　大正・昭和（前期）篇』を調べてみたら、やはり相当に難しい工事であったようだ。以下、少し長いが引用する。

地質は、古生層の緑泥片岩、石墨片岩でこの間に石灰岩が介在しており、ずい道のほぼ中央部の松山口から約一粁の地点から八幡浜方へ約四〇〇米の間は、特に地質が悪く鱗片状の圧砕滑肌で、断層破砕帯があり、掘削をはじめると、滑肌を境として無数の鱗片が滑動をはじめ、また滑肌相互間にある方解石の薄脈などが大気に触れて吸湿膨張した。この悪い地質区間を過ぎると、石墨片岩と、この間に介在する石灰岩から成る比較的良好な地質であった。
以上のように鬼武組が請負った八幡浜方は、地質が良好であったため工事は順調に進行して昭和十年末に竣工した。しかし、西松組請負の松山方は、坑口から一粁までの掘削は順調に進捗したが、前述の悪い地質に遭遇すると地圧が増加し、すでに覆工の完成した約一〇〇米が変形を起して、遂に改築を必要とすることとなった。国鉄側で、種々調査した結果、今後の工事を請負契約によって続行することは不可能であると判断し、昭和十一年四月に契約を解除し、その後は直営で施工することとした。現場は益々強大な地圧を受けて、支保工の圧壊などの事故もあり随時、臨機の処置と手段をとりながら極めて困難な作業を継続して、漸く昭和十三年六月に、着手以来五年余の工期と一五〇万円の工費を費やして完成をした。

地質の専門用語が多くて素人の私には理解できない面もあるけれど、すさまじい岩石の力がトンネルを圧し潰そうとする緊張感はひしひしと伝わってくる。ちなみに当時は地盤などの事情により想定外の難工事となる場合、請負から鉄道省の直営工事に切り替えられることは珍しくなかった。引用部分の後にこのトンネルの工区主任・猪瀬昇吾の苦心談が載っているが、文末を「本土の熱海の現場から四国に島流しになり、夜昼頭を痛めて三カ年かかって竣工することができた」と締めくくっている。

丹那トンネルの区間の開業は昭和九年一二月であるが、トンネル本体の貫通式が行われたのは同八年六月一九日だ。夜昼トンネルの着工は同年だから、隧道のスペシャリストたる猪瀬さんは、きっと休む間もなく「島流し」になったのだろう。『角川日本地名大辞典』の「丹那トンネルに次ぐ難工事」という記述は、この主任の話がベースになっているのではないだろうか。

谷の稲穂も黄金色で、コンバインの音が遠くで響いている。富元という集落あたりになると、だいぶ谷も狭まった。予讃線の夜昼トンネルの坑口は街道からは見えないが、意外に近い所で軽やかなエンジン音とともに特急が結構なスピードで走り去った。地形図で夜昼の集落に入ったあたりから、道路の舗装が切れて石畳の痕跡がわかる旧旧道（明治期の旧道以前の道）に入る。森の中をゆく気持ちの良い道に入って間もなく、日露戦争の戦没者を慰霊する石碑があった。建立当時は街道筋だったであろうが、ほとんど通行も途絶えて草深い山道となった今となっては寂しそうである。「故陸軍歩兵一等卒菊池某、上等兵清水某之碑」とあった。側面にはその履歴と戦死に至った戦闘が記されているようだが、なかなか読み取れない。それでも一人は明治一五年二月一四日生まれ、とあるから弱冠二二歳で亡くなったらしい。バレンタインデーに生まれた彼は、今の世に生まれていれば「お誕生日と一緒に！」とチョコレートをいくつも貰えたかもしれないのに、たまたま生まれた時代が時代であったために、異国の地で「草むす屍」となったのである。

思えば戦没者の石碑はそのほとんどが日露戦争のものであるようだ。日清戦争は戦死者が少なく、また日中戦争から昭和二〇年まで続いた長い戦争は逆にあまりに戦没者が多く、かつ国全体が疲弊したこと、何より負け戦だったことが石碑の建立を阻んだのだろう。せっかくなので、脈絡はないけれど昼食時なので松山駅で買ってきた穴子弁当を道端で食べ、その後合掌してそこを立ち去った。

地形図に描かれた徒歩道はしばらく続いていたが、間もなく草丈が増してほとんど藪と化していった。草をかきわけながら、棒で蜘蛛の巣を払いつつの行軍となる。服のあちこちに草の実が無数に付着する。距離はそれほどでもなく間もなくアスファルトの里道に出た。ほっと一息つく。間もなく夜昼集会所の建物にたどり着く。比較的新しそうな建物だが、この時は誰も使っていなかった。

空き家らしい建物が目立つものの、まだ現役の集落である。それでも道を歩いている人は見かけない。畑仕事の人でもいれば夜昼の由来でも尋ねてみたいところだったのだが。家々に沿って高度を上げていくと眺望が開け、大洲方面を遥かに望むことができた。地形図の二条線の道路（二車線道路）を辿って行けば簡単なのだが、激しくヘアピンカーブを描いて遠回りが甚だしいので、適宜近道することにした。

地形図に徒歩道がなくても、この道が旧旧道の香りがするようだと見当を付け、進んでいくと意外に当たっている。気をよくしてどんどん進み、案外早く夜昼峠に着いた。今は国道でもないので峠の表示板も、ここから八幡浜市であることを示す看板もなくてちょっと拍子抜けする。写真だけ撮って通り過ぎた。

標高は三一九メートル。伊予平野駅からは標高差三〇〇メートル近く登ってきたことになる。左右が切り通しなので視界は利かないが、なおも進むとループ線にさしかかる。地形図では「ループ橋」の表示になっているので、橋かと思いきや、ぐるりと回り降りてみると煉瓦巻きのトンネルだった。地形図には橋の記号が描かれているので明らかに誤りで、本来ならトンネルの坑口を二つ描かなければならない。

味のある煉瓦の壁を眺めて写真など撮った後で通り抜けてみると、「千賀《ちが》居トンネル」の案内板が擁壁に取り付けられている。土木学会の近代土木遺産に指定されており、延長一七・〇メートル、全高四・七メートル、全幅五・四メートル。次のような解説があった。

千賀居トンネル

この路線は旧府県道大洲八幡浜線であり、開通は一九〇七年（明治四〇年）であった。道路が通じてからは乗合馬車が走り、鈴を鳴らしながら通ったという。一九七一年（昭和四六年）の夜昼隧道完成により、この路線は市道に編入され現在に至っている。

千賀居トンネルは一九〇五年（明治三八年）に完成したもので、内部はレンガ造りで、垂直部はイギリス積み、アーチ部は長手積みに変化している。道路より先にトンネルができたため、レンガは里道を馬で運んだといわれている。

また、勾配を緩くするために、ぐるぐる回りながら高度を上げていくループ線のトンネルでは、現役日本最古ではないかと思われ、土木学会の近代土木遺産ではBランクとされている。

持参した旧版の地形図のコピーを改めてよく見ると、戦前のものはトンネルの坑口がちゃんと描かれていて、そちらは正しい表現になっていた。ループのトンネルとして「日本最古ではないかと思われ」ているとは驚いたが、最古と断言できる資料が土木学会にはないのだろうか。

ここに限らず、江戸時代に馬車というものが発達しなかった日本では、街道の峠越えはせいぜい石畳で簡易舗装された程度の急勾配の狭い道がふつうだった。それが明治の文明開化を迎え、欧米並みに馬車が走れる道を整備しようと、全国各地の峠道がその規格により新たに開削された。勾配緩和は至上命題だったようで、今から見るとそれほど緩勾配に徹しなくても、と思わせる箇所も多い。これらの馬車道は、後に自動車が走るようになるものの、高度成長期を迎えるとトンネルを伴う新ルートに取って代わられ、廃れたところが多い。

夜昼峠に道路トンネル（全長二一九四メートル）が開通したのは先ほどの案内板の通り昭和四六年（一九七一）のことで、それまで大洲から八幡浜まで屈曲甚だしい道を自動車で五〇分かけてたどったのが、このルートの完成により半分程度の時間で結ばれるようになったという。かつてこの国道一九七号（高知市〜大分市。途中の豊予水道部分は海上区間）はカーブの多い悪路で知られ、「行くな（＝一九七）国道」などと揶揄される「酷道」だったようだ。鉄道の夜昼トンネルも通じていなかった昭和九年（一九三四）の時刻表によれば、大洲から八幡浜まで三共自動車のバスでちょうど一時間かかっている。今の特急「宇和海」ならわずか一二分だ。

前述の『日本鉄道請負業史』によれば、工事が最も難航したのは松山方坑口から一〜一・四キロの間というから、ちょうど峠の真下にあたる。一二分のあっという間の短時間で両都市を結ぶ特急の乗客にとって、わずか数分の闇が限りない地圧との長い闘いの成果であることなど想像も及ばないことかもしれないが、人知れず地下深くで奮闘した先人たちの仕事を忘れてしまっては罰が当たる。

峠からは千丈《せんじょう》川に沿って徐々に下っていく馬車道であるが、すぐに下ってしまうのはもったいないので南裏という集落を通り、蜜柑畑の中を上郷へ降りていく細道をたどることにして進路を変更した。急斜面にへばりつくような南裏の集落は、家の屋根が一段上の隣家の土台と同じ高さというほどの急峻さで、その周囲には蜜柑畑が広がっている。耕作放棄されたものも目立つが、この急斜面を切り開いて畑にした労力は、考えただけで途方もない。ところどころで西側の眺望が開け、千丈川の谷の向こうには、いくつもの島を浮かべた八幡浜湾が西陽に輝いている。

絶景を見て気分が良くなったのもつかの間、地形図に描かれた破線の徒歩道は、放棄された蜜柑畑の先の藪の中に消えていた。錆びた蜜柑運搬用モノレールの廃軌道が密林に分け入っているのみ。なんとかルートを見つけようとしても、それらしきラインは見えず、途方に暮れた。引き返して別の徒歩道をたどったけれど、そちらも藪の

夜昼峠への登山口、予讃線伊予平野駅でドキンちゃん列車を見送る

アスファルトも消え、ここから夜昼峠への「旧旧道」へ分け入る

ループ線の下にある煉瓦積みの千賀居トンネルは明治38年の完成

（上）夜昼峠を越えた西側では、はるか八幡浜湾を見渡せる絶景
（下）みかん運搬用モノレールの錆びた廃線が藪の中へ延びる

中。ちょうど草刈りか何かで山に入っていた地元の人に上郷への道を尋ねたところ、ちょっと驚いたような顔をしながらも、途中まで藪に分け入りながら親切に教えてくれた。夜昼峠の由来を尋ねてみると、あまり知らないんだけど、と断りながら「昼に出ても峠を越えると夜になってしまう、と聞いたことがある」と教えてくれた。世間の解説とは夜と昼が逆であるが、せっかく道を教えてくれたので問い詰めない。

ところがその道も途中でやはり不明瞭となり、今度は竹林の中に迷い込んだ。放置された竹は圧倒的な密度で繁茂し、しかも半分は枯れ竹なのでバキバキと派手に小気味よい音を鳴らして踏み抜きながら、やみくもに進む。どこから人が出入りするかわからない不思議な蜜柑畑や耕作放棄地のいくつかを過ぎると、なんとか舗装道路にたどり着いた。地形図で現在地を探すと、意外なところに出ていることが判明。傍らには長らく使われていないと見える蜜柑用索道の錆びたワイヤーの収束する滑車を収納した終点小屋。かつてはここで蜜柑を索道のカゴからトラックに積み替えたのだろう。

国道の走る谷を目指してひたすら降りていくと、予讃線の夜昼トンネルの西口に出た。東口の付近を出てから何時間経っただろうか。まだ幸いにして夜にはなっていないが、ずいぶん歩いた気分がする。千丈川沿いの細道をたどり、対岸に国道を見ながら西へ進む。今なら千丈駅にちょうどいい八幡浜方面の列車が来るはずだ。

夜昼峠の由来について、少々調べてみた。前出の『角川日本地名大辞典』によれば、「（この峠は）古来、八幡浜と大洲盆地を結ぶ要衝であり、かつ最大の難所で、未明に麓を出発し、峠で夜が明けたことからこの地名がついたという。肱川流域と宇和海沿岸との気候界をなし、冬季などは大洲盆地に入ると霧がたちこめ、また峠を八幡浜側に越えると明るい昼光に満ちている」とある。

霧については、あるインターネットのサイトで夜昼は当て字で、霧が大洲盆地から夜昼峠を這うように八幡浜に吹き降りる現象を「寄る干る」と表現したのではないか、と解釈していた。私にはその是非を判断する知識はないが、大洲盆地の霧が音もなく峠を越えてゆく光景を想像するのも趣深い。

下界に降りてからは、八幡浜の宿へ向かう「ふつうの人」になるべく、藪こぎの勲章たる無数の木の実をジーンズやシャツの袖から引き剝がす作業にかかる。地形図にはいつの間にか蜘蛛の糸が何条か送電線の記号のように貼り付いていた。

難儀して旧道を歩くのがなぜ面白いのか、と問われてもなかなか困る。ずっと前から旧道を歩くのは好きだった。これに味をしめたのはたぶん高校生の頃で、横浜市内の学校からの下校の途中、誰かに「あの道が厚木街道の旧道」と教わったのが最初かもしれない。自分の生まれるずっと以前から人が生活してきた山奥や海辺の村、または平地のまん中にある集落を訪ねては、地場産業の景気の話から地名の由来、とりとめない昔話などを聞くのが好きになった。

本書のもととなった連載を月刊『旅』で始めたのは平成一四年（二〇〇二）の六月号。今から一〇年も前の話である。初回の取材は風の冷たい三月一三日、まだところどころ雪が残る山形県・庄内平野の無音《よばらず》であった。集落の中を歩きながら、出会う人にこの不思議な地名の由来を尋ねて回っていたところ、あの人なら詳しいと案内されたお宅へ伺うと、初対面にもかかわらず中へ通され、炬燵で暖かいお茶と蜜柑をいただきながら、竜神の伝説を伺ったものである。

その後は毎月いろいろな珍しい地名を地図や郵便番号簿で探すのが楽しみになり、どの地名の組み合わせにするか、どの列車に乗ろうかと接続を時刻表で調べ、必要な地形図を購入して準備するのが待ち遠しいような毎月であった。

思えば近代以来、地名はずいぶんと粗略に扱われてきた。東京などは震災復興事業の一環としての町名地番整理でまず最初に大々的な破壊に見舞われ、戦後は住居表示法による地名の統廃合がまたショッキングなほど進められた。たとえば銀座四丁目交差点の南側といえば本来は「銀座」でなかったのだが、その土地に江戸期から続いてきた尾張町や出雲町、南鍋町などといった由緒ある町名はことごとく失われ、銀座一色に塗り替えられた。戦後はそれでも残っていた木挽町を銀座東と改め、さらに銀座に編入していく。

これは決して役所だけが勝手にやったことではなく、ある意味でブランド地名を欲しがった住民との「共犯」であろう。かくして銀座は実体の数十倍に拡張され、その陰に何十という、由緒あるけれど「非ブランド」の地名が葬り去られていった。銀座ばかりではない。地方の城下町でも「中央」とか「本町」が好まれ、「中央東」のような形容矛盾や、山林が大半を占める「本町」も登場した。実に涙ぐましい中央志向である。

翻って英国。ロンドンの旧市街地にある通りの名前は一〇〇年前から今に至るまで、基本的には変わっていない。そのため一〇〇年前の小説に出てくる通り名は、道路そのものが変化した場合を除けばほぼそのままなので、現代の『A―Z地図帳』の索引で簡単に探せるのである。しかしたとえば夏目漱石や永井荷風の作品に登場する東京の町名は、特別な復刻版のような地図、もしくは今昔の地図が同時に見られるアプリでなければ見ることはできない。

さすがに住居表示での乱暴な地名の統廃合や破壊は「やり過ぎ」として全国各地の住民や識者からの批判が高まり、住居表示法に「できるだけ従来の名称に準拠して定めなければならない」という条項を追加する改正が遅まきながら行われた。それでも全国的な最近の地名の動向を観察していると、「従来の名称」を尊重しない地名の取り扱いは相変わらず続いている。

「垳《がけ》の地名がなくなる?」という見出しで『朝日新聞』平成二四年(二〇一二)三月五日付朝刊が次のように珍しい地名の危機を報じた。リードの冒頭は次の通り。

区画整理事業が進む埼玉県八潮市で、日本の地名でただ一カ所「垳《がけ》」の文字を使った地名「大字《おおあざ》垳」が崖っぷちに立たされている。市が垳の大半を新地名に変えようとしているからだ。「思いとどまってほしい」。市民や専門家らが声を上げた。

垳という字は国字で、『新潮日本語漢字辞典』(新潮社)によれば、「埼玉県八潮市の地名」と地名および姓にのみ用いられる文字であることが説明されている。旁の「行」には「道」や「並び」の意味もあるので、川の流れに浸食されて小さな土崖、段差が川岸にずっと続いているさまを、垳という国字を作って表現したのかもしれない。

　この地域は鉄道の駅から遠く、最近まで農地が多く残されていたが、平成一七年（二〇〇五）につくばエクスプレス（TX）が開業し、秋葉原まで区間快速でわずか一七分という利便性でその後は人口が急増、区画整理が行われることになった。農地の大字の常で飛地が目立ち、宅地化するのであればある程度の整理は異論のないところだろう。

　しかし「八潮南部地区町名策定委員会」が選定した区画整理地域A・B・Cの三地区の町名候補は、地名に関心を抱く人でなくても愕然とする類のもの、たとえば昨今の新生児に命名される「キラキラネーム」を思わせる類までがズラリと並んだ。このうち候補にいくつか挙がっている「潮止」は、前述のように旧村名である。

〈A区域〉
美瀬西《みらいにし》、彩美《さいび》、潮音町《しおねちょう》、潮美風《しおみかぜ》、潮彩《しおさい》、桜町《さくらまち》、青葉《あおば》

〈B区域〉
美瀬《みらい》、南部中央、駅前、大瀬中央《おおぜちゅうおう》、本町《ほんちょう》、潮止本町《しおどめほんちょう》、花桃町《はなももまち》、

〈C区域〉
潮止東《しおどめひがし》、潮止、幸町、秋桜《こすもす》、潮美《しおみ》、末広、若葉

その後は八潮南部地区町名策定委員会の会議により、A区域を青葉、B区域を美瀬、C区域を若葉と決定してしまった。これに危機感を抱いた市民の有志たちが「垳を守る会」を立ち上げ、何回も市民参加の集会を開き、新聞報道を見て知った私も勝手に参加した。その後、東京の「地名破壊史」などをテーマに講演をさせてもらい、「垳を守る会」にも入会している。会の皆さんの熱心な運動により、議会でも「町名変更見直しの請願」が採択され、全面的な見直しの作業に入っているようだ。

私の講演した時の集会の様子がNHKテレビの夕方のニュースに放映された翌日に、ある習志野市在住の方から「谷津の地名が危ない」と電話があった。JR津田沼駅にほど近い谷津六丁目と七丁目を中心とした地域で大手開発業者によるマンション群の建設が行われることになり、それに際してマンション群の商標と同じ「奏《かなで》の杜《もり》」という町名に変更して住居表示を行おうとするもの。多くの地権者が変更を求めており、垳の場合より危機に瀕していた。

流れはその後も変わらなかったようで、平成二四年（二〇一二）九月二八日の習志野市議会では「谷津」から「奏の杜」に変更する議案を一五対一三という僅差ではあるが、賛成多数で可決している。賛成議員は「地権者の意思を尊重すべき。基盤整備された地区と既存市街地を同一の町名とすることは不自然で違和感がある」などと主張した（千葉日報ウェブ「ちばとぴ」九月二九日付より）という。

この地名への認識は、本当に良識ある市議の発言なのだろうか。「奏の杜」というのは音楽のクラブ活動が有名な学校がエリア内にあることにちなむというが、あくまで企業が作ったマンション群を売るための「商標」であり、まったくの創作地名だ。これが許されるなら、たとえば「習志野市田園調布」でも「習志野市銀座」でも何にでも変更できることになってしまう。習志野市シャンゼリゼ一丁目でもいいことになる。

これに加えて、谷津の地名を「奏の杜」に変更するのは住居表示法第五条第二項にある「できるだけ従来の名称に準拠して定めなければならない」に明らかに抵触している。谷津という地名を採用できない特段の事情は見当たらない。法律違反の決定を市議会が下すとは信じられない思いであるが、このまま行けば平成二五年（二〇一三）二月一日には町名変更が実施されてしまう。

「谷津」の地名を変更させるため、「谷が付く地名は危険だ」といった議論も行われたように仄聞している。言うまでもなく東日本大震災では習志野市でも湾岸の埋立地を中心に液状化の被害が大きく、関心が寄せられていた。その状況の中で「危険な地名」論は谷津の排除にある程度の効果があったかもしれない。

昨今では「この地名が危ない」「津波の地名」などと扇情的な題で地名研究者と称する人たちが不安を煽る執筆活動を行い、それらの本は順調に版を重ねている。また、新聞や週刊誌に登場するある有名大学の教授は、地名や地理の素人であるにもかかわらず、たとえば池や沼などのつく地名は危険度が高く、逆に台のつく地名は安全であるなどと、きわめて乱暴な論を展開している。

このことはよく考えれば小学生でもその矛盾を見抜くことができるものだ。沼のつく地名は、もちろん現存またはかつて存在した沼にちなむものが多い。しかし沼の中に住んでいる人はおらず、その畔の軟弱地盤の集落なのか、あるいは沼を見下ろす地盤の安定した台地上の集落かで危険度はまったく異なってくる。場合によっては沼田とか沼崎などの姓の豪族が開発した土地である可能性さえある。さらに近現代に入ってからの行政区画の変遷は非常に複雑で、そのエリアが大きく東西南北にずれる事例も珍しくない。従って地名の文字だけで危険度を判断するのは、まったく頓珍漢、ナンセンスそのものである。

考えてみれば、分厚い沖積地に五〇センチ盛り土をして「〇〇台」と称するような地名の扱いの軽さが、特に戦後の秩序のない乱開発と結びついた結果、地名はすでに「嘘つきだらけ」になっている。そんな状況の今になって地名で危険度を判断しようなど、笑止千万である（「古い地名を調べてから」などと言うけれど、どの時代の地名まで遡って調べるのが適切であるかは軽々に判断できない）。

明治一四年（一八八一）に太政官布告は次のように地名の大切さを説いている。現代人ももう一度この原点に立ち返るべきではないだろうか。

各地ニ唱フル字ノ儀ハ、其地固有ノ名称ニシテ往古ヨリ伝来ノモノ甚多ク、土地争訟ノ審判、歴史ノ考証、地誌ノ編纂等ニハ最モ要用ナルモノニ候条、漫《ミダリ》ニ改称変更不致《イタサヌ》様可心得《ココロウベシ》。

解説　「地名の旅」のおもしろさ

宮田珠己

今尾さんには到底及ばないのは承知のうえで言うのだが、私も昔から地図が大好きで、「無人島に一冊だけ本を持っていけるなら、何を持っていくか」と質問されれば、間違いなく地図を選ぶ人間である。世界地図か日本地図か、現代の道路地図か昔の地図か、などは悩むと思うが、いずれにしても地図であるという点は揺るがない。そのぐらい好きだ。

一口に地図好きといっても、そこから何を読み取るかはきっと人それぞれだと思うけれど、私の場合、一番気になるのは地形である。

たとえば、地図を見ていて、なんじゃこの海に張り出した変な地形は！　と思った北海道の野付半島には早速行ってみたし、多摩ニュータウンに、緑地が数珠繋ぎに並んでいる場所があるのを発見して、本当にずっと緑なのか歩きに行ったこともある。ベトナムのある町で地図を買うと、郊外に無数に池があって、それがウロコというか曜変天目茶碗のようで気持ち悪く、わざわざどんな感じの風景か見に行ったりもした。

ほかにも気になっているのは、サロマ湖の海と繋がった出口のところとか、海にながながとのびている愛媛の佐田岬半島や、対馬中央部の迷宮のような浅茅湾、さらに瀬戸内海には、いくつもの島が橋で数珠繋ぎになった、しまなみ海道ならぬ、とびしま海道という道があって、そこもぜひこの足で歩いてみたい。

今尾さんの『地図を探偵する』を読んだとき、同じ種類の快感を味わった。フランスのモン・サン・ミシェルの地図が載っていて、そうそう、そうなんだよ、こういう変な地形を見に行きたいし、こういう地図が見たいのだ、と興奮したものである。

で、今尾さんの今回の本のテーマは地名。

目次を見た瞬間、日本には面白い地名がいろいろあるんだな、と感心した。「無音」「雪車町」なんて情緒があるし、「耳」ってなんじゃその地名は、と思うし、「休息」は可笑しいし、「硫酸町」は凄まじい感じがする。

だが、私も地図を見て、へえ、こんな地名があるんだ、と面白がることはあるものの、地形の場合と違って、そこを尋ねてみようとは案外思わない。海外にはエロマンガ島だのスケベニンゲンだのといった変な（あくまで日本語で読んだ場合だけど）地名があって、テレビなどでたまに話題にのぼる。わざわざそこへ行く人もあるようだが、行けば見える地形の旅と違って、地名の旅というのは難しい。現場に行っても、とくにこれといって名前の由来を示すものがなかったり、景色としては普通の町だったりで、おお、これが地図で見た○○か！　と感動することがあまりない気がするのだ。

ここがスケベニンゲンで〜す、なんて言われても、それで？　と思うだけだ。そこには旅のエロスがない。

もともと、地名そのものには艶があって、その証拠に、いろんな日本の地名をひたすら列挙するだけで、なんだか心がじゅわっと潤うような気持ちになるけれど（私だけだろうか）、それが紀行になると伝わりにくいのは、つまり地名を、旅の中で、風景とどう接続するか、そこが難しいということだろう。こんな面白い地名がありましたというのは、話のネタとしては面白いし、読者は、たしかに変な地名だよなあ、と感じ入るかもしれないが、そこに行きたいとまでは思わない可能性がある。地名に淫する旅は、それが体感できるものでなく観念であるだけに難しいのだ。

私が、地形見物の旅はときどきするのに、地名探訪の旅をほとんどしたことがないのは、そういう理由による。

ところが、この今尾さんの本を読むと、意外なことに、地名の旅が面白そうなのであった。地名は机上で地図を眺めて楽しめばそれで十分と思っていた私には、これは奇妙な読後感であった。

なぜそんなことが起こったのか。

それはきっと今尾さんの旅のスタイル、すなわち、地元の人の間に分け入って由来を尋ねつつ、ときには山に分け入ってヤブ漕ぎし、さらにネズミの瓦や、白い鳥居を見つけて写真に収め、たまに好きな電車話に脱線してしまうような、地名の謎解き一辺倒でない旅のスタイルが、旅から艶を引き出すことに成功しているのだ。自らどっぷりその旅にのめりこむことによって、地名が風景と切り離されたただの観念でなく、その場所であることを感じさせ、景色の違いまで見せてくれている。

私はこの本を読んで、「馬鹿川」「帆之港」「鼠鳴」「耳」に行きたくなった。観光地でもなんでもないけれど、そこがいい。読んだあと、自分もそこを旅してみたいと思えるかどうかが、良質な紀行エッセイの指標だとすれば、この本にはその快感がある。そしてそれは、地名の本では、ちょっと奇跡的なことなのだ。

今尾さんには、もっともっとおもしろ地名を探訪してほしい、そしてそれを書いてほしい、そう思ったのだった。

取材日一覧

第一章

極楽、長久手、大蟷螂——平成14年5月27～28日

〆引、伯母様、惣領、庶子——平成15年1月30～31日

不魚住、馬鹿川——平成15年7月3～4日

万字、鳩山、スウェーデンヒルズ——平成14年6月14～15日

第二章

無音、雪車町、心像——平成14年3月13～14日

八尺鏡野、一雨、防己——平成14年8月27～28日、9月6日

領巾振山、馬渡島、晴気——平成15年10月29～30日

西広門田、休息、藤井扇状地入口——平成14年9月19～20日

第三章

雨降野、酢、国友、相撲、口分田——平成15年4月22～23日

蛇喰、雨潜、瓜裂清水——平成14年7月18～19日

父養寺、母代寺、談議所——平成15年8月10～11日

京泊、海土泊、帆之港——平成14年12月17～19日

第四章

鼠鳴、猿鳴——平成15年5月20～21日

富士山、冨士神社——平成14年11月22日、26日

耳、白兎——平成15年9月23～24日

納屋、鷲、不動堂——平成14年4月30日、5月8日

鬼無里、日本記、成就——平成15年7月28～29日

第五章

セメント町、硫酸町——平成15年2月19～20日

紺屋町、北乗物町——平成15年3月28日

金換町、珠数屋町、骨屋町、弓矢町——平成14年10月17～19日

本書は月刊『旅』(JTB)二〇〇二年六月号から二〇〇四年一月号に掲載され、その後加筆・修正して二〇〇七年に『日本の地名遺産「難読・おもしろ・謎解き」探訪記51』(講談社+α新書)として刊行されました。本書は、講談社版に最新の改訂を加えたものです。なお、各地のアクセス情報は原則として取材当時のものです。

現地へ行かれる際は最新の交通情報をご確認下さい。

旅情酒場をゆく　井上理津子
ドキドキしながら入る居酒屋。心が落ち着く静かな店も、常連に囲まれ地元の人情に触れた店も、それもこれも旅の楽しみ。酒場ルポの傑作！

駅前旅館に泊まるローカル線の旅　大穂耕一郎
勝手気ままなブラリ旅。その土地の人情にふれ、生活を身近に感じさせてくれるのが駅前旅館。さあ、あなたもローカル線に乗って出かけよう！

つげ義春を旅する　高野慎三
山深い秘湯、ワラ葺き屋根の宿場街、路面電車の走る街……、つげが好んで作品の舞台とした土地を訪ねて見つけた、つげ義春・桃源郷！

つげ義春の温泉　つげ義春
マンガ家つげ義春が写した温泉場の風景。一九六〇年代から七〇年代にかけて、日本の片すみを旅した、つげ義春の視線がいま鮮烈によみがえってくる。

温泉力　松田忠徳
本物の温泉が持つ魅力を「温泉力」と名づけ、その魅力をあますところなく紹介する。温泉教授が選ぶ最新版温泉リスト120が好評！

ROADSIDE JAPAN 珍日本紀行 東日本編　都築響一
秘宝館、意味不明の資料館、テーマパーク……。路傍の奇跡ともいうべき全国の珍スポットを走り抜ける旅のガイド、東日本編一七六物件。

ROADSIDE JAPAN 珍日本紀行 西日本編　都築響一
蝋人形館、怪しい宗教スポット、町おこしの苦肉の策が生んだ妙な博物館。日本の、本当の秘境は君のすぐそばにある！　西日本編一六五物件。

TOKYO STYLE　都築響一
小さい部屋が、わが宇宙。ごちゃごちゃと、しかし快適に暮らす、僕らの本当のトウキョウ・スタイルはこんなものだ！　話題の写真集文庫化！

身近な雑草の愉快な生きかた　稲垣栄洋　三上修・画
名もなき草たちの暮らしぶりと生き残り戦術を愛情とユーモアに満ちた視線で観察、紹介した植物エッセイ。繊細なイラストも魅力。（宮田珠己）

身近な野菜のなるほど観察録　稲垣栄洋　三上修・画
「身近な雑草の愉快な生きかた」の姉妹編。なじみの多い野菜たちの個性あふれる思いがけない生命の物語を、美しいペン画イラストとともに。（小池昌代）

ちくま文庫

日本《にほん》の地名《ちめい》おもしろ探訪記《たんぼうき》

二〇一三年二月十日第一刷発行

著　者　今尾恵介（いまお・けいすけ）
発行者　熊沢敏之
発行所　株式会社　筑摩書房
東京都台東区蔵前二―五―三　〒一一一―八七五五
振替〇〇一六〇―八―四一二三
装幀者　安野光雅
印刷所　中央精版印刷株式会社
製本所　中央精版印刷株式会社

乱丁・落丁本の場合は、左記宛にご送付下さい。
送料小社負担でお取り替えいたします。
ご注文・お問い合わせも左記へお願いします。
筑摩書房サービスセンター
埼玉県さいたま市北区櫛引町二―六〇四　〒三三一―八五〇七
電話番号　〇四八―六五一―〇〇五三

ISBN978-4-480-43031-1 C0125